V 43,183

# APPLICATIONS

DES

## SILICATES ALCALINS SOLUBLES

### AU DURCISSEMENT DES PIERRES CALCAIRES POREUSES

A LA PEINTURE, A L'IMPRESSION, ETC.

Avec des extraits textuels

DES MÉMOIRES DESCRIPTIFS DE BREVETS D'INVENTION QUI Y ONT RAPPORT,

Par M. Frép. KUHLMANN,

Professeur de chimie, Membre correspondant de l'Institut Impérial de France,
Officier de la Légion-d'Honneur, etc.

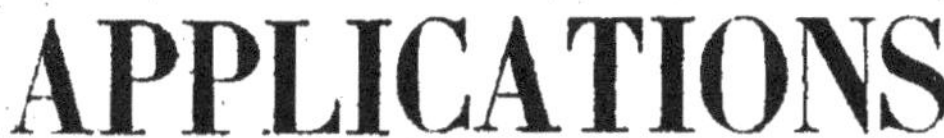

**PARIS,**

**VICTOR MASSON,**

LIBRAIRE DES SOCIÉTÉS SAVANTES PRÈS LE MINISTÈRE DE L'INSTRUCTION PUBLIQUE,
Place-de-l'École-de-Médecine, 1.

**1855.**

# APPLICATIONS

## DES SILICATES ALCALINS SOLUBLES

### AU DURCISSEMENT DES PIERRES CALCAIRES POREUSES

A LA PEINTURE, A L'IMPRESSION, ETC.

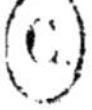

# APPLICATIONS

DES

## SILICATES ALCALINS SOLUBLES

### AU DURCISSEMENT DES PIERRES CALCAIRES POREUSES

A LA PEINTURE, A L'IMPRESSION, ETC.

Avec des extraits textuels

DES MÉMOIRES DESCRIPTIFS DE BREVETS D'INVENTION QUI Y ONT RAPPORT,

Par M. Fréd. KUHLMANN,

Professeur de chimie, Membre correspondant de l'Institut impérial de France,
Officier de la Légion-d'Honneur, etc.

LILLE,
IMPRIMERIE DE L. DANEL.
1855.

En réunissant dans cet opuscule différents mémoires que j'ai présentés en 1855 à l'Académie des Sciences de Paris et à la Société impériale des sciences, de l'agriculture et des arts de Lille, j'ai cru utile de reproduire en tête la partie d'un mémoire présenté aux mêmes corps savants en 1841, concernant l'application que j'ai faite dès cette époque des silicates alcalins, au durcissement des pierres calcaires poreuses, afin de fixer l'opinion des savants sur l'histoire de cette application et sur son utilité dans l'art de bâtir. Des extraits des mémoires descriptifs de brevets qui m'ont été délivrés en 1840 et en 1841 pour mes applications des silicates alcalins seront compris dans cette notice et renseigneront le public sur les droits qui lui seront acquis incessamment, l'expiration de ces premiers brevets ayant lieu dans le courant de ce mois.

Enfin par la publication d'extraits de la spécification de mes brevets plus récents, j'ai voulu permettre aux personnes intéres-

sées à mettre mes applications nouvelles en pratique à en appré
cier l'importance et à s'épargner des recherches et des tâtonne-
ments onéreux sans contracter d'autre obligation envers moi
que de me demander une autorisation , que dans aucune circonstance je n'ai jusqu'ici refusée pour l'utilisation de mes procédés de silicatisation. Si même pour ces dernières applications
je me suis réservé les droits que me confèrent mes brevets ,
celui, en particulier, de faire appel aux tribunaux pour faire
annuler tous brevets pris postérieurement à mes inscriptions
pour le même objet et dans des vues de spéculation , c'est que
des tentatives d'exploitation de ce genre ont eu lieu pour mes
procédés de durcissement des pierres calcaires appliqués à la
conservation des constructions en cette nature de pierres, inscrits
en 1841.

Sans vouloir donner à mes applications de la silice dissoute à
la faveur des alcalis et aux recherches scientifiques qui en ont
établi les principes, plus de valeur qu'elles n'en ont réellement ,
et sans rien ôter au mérite des travaux publiés antérieurement
aux miens , il m'est permis de constater, dans l'intérêt de la
vulgarisation de ces applications , qu'elles ont fixé d'une manière toute particulière l'attention de deux classes du jury inter-
national de l'exposition universelle , qui , dans leurs rapports ,
ont exprimé le regret de ce qu'en ma qualité de membre de ce
jury je fusse placé hors de concours.

Lille , le 15 décembre 1855.

Fréd. Kuhlmann.

# MÉMOIRE

## SUR LES CHAUX HYDRAULIQUES,

### LES CIMENTS ET LES PIERRES ARTIFICIELLES ;

suivi de

CONSIDÉRATIONS CHIMIQUES SUR LA FORMATION DES CALCAIRES
SILICEUX ET EN GÉNÉRAL DES ESPÈCES MINÉRALES
FORMÉES PAR LA VOIE HUMIDE (*)

1841

## EXTRAIT.

Dans un récent travail qui fait suite à mes recherches sur la nitrification, j'ai fait connaître les résultats auxquels j'ai été conduit par un examen attentif de la nature des efflorescences des murailles, de leur origine et des circonstances qui donnent lieu à leur formation. Mes investigations sur ce point m'ont permis de constater la présence de la potasse ou de la soude dans la plupart des calcaires de diverses époques géologiques et de justifier ainsi l'existence de ces alcalis dans les végétaux qui croissent sur un sol calcaire. J'ai expliqué comment on peut se rendre compte des efflorescences de carbonate et de sulfate de soude, et de l'exsudation de carbonate de potasse et de chlorure de potassium ou de sodium qui se produisent souvent d'une manière très-visible à la surface des murailles peu après leur construction.

(*) Mémoires de la Société des Sciences, de l'Agriculture et des Arts de Lille, année 1841.
Comptes-rendus des séances de l'Académie des Sciences, séance du 5 mai 1841.

Une particularité qui a fixé mon attention , c'est que les sels alcalins ont été obtenus généralement en plus grande quantité par le lessivage des chaux hydrauliques que par celui des chaux grasses , et que les ciments hydrauliques en sont généralement fort chargés.

J'ai fait des essais sur le ciment de Pouilly, celui de Vassy-lès-Avallon et celui de Boulogne , sur le ciment préparé avec les calcaires siliceux qu'on recueille sur les bords de la Tamise , près de Londres , et tous m'ont donné des quantités notables de potasse.

Ces observations m'ont paru dignes d'attention. Les sels de potasse ou de soude exercent-ils quelqu'influence sur les propriétés de la chaux ? Leur présence dans les pierres à chaux peut-elle jeter quelque jour sur la formation des calcaires siliceux ? Telles sont les questions que je me suis posées et à la solution desquelles j'ai consacré une nouvelle série de recherches dont je vais présenter le résumé.

(Suivent les considérations concernant l'intervention des silicates alcalins dans la formation des chaux et des ciments hydrauliques. Ces considérations se terminent ainsi ) :

Tout en faisant intervenir un agent nouveau dans la théorie de la formation des chaux hydrauliques , je n'en regarde pas moins comme fondamental le principe qui a dirigé les travaux si remarquables de M. Vicat , travaux qui honoreront toujours cet habile ingénieur et auxquels je m'estimerais heureux d'avoir ajouté quelques observations utiles.

Les chimistes n'admettront pas que l'existence de la potasse ou de la soude dans tous les calcaires à chaux hydraulique soit accidentelle et sans influence sur les propriétés de la chaux. De quelle manière cette intervention a-t-elle lieu ? Je pense que, sous l'influence de la potasse ou de la soude, les calcaires siliceux, ou la chaux grasse mêlée d'argile , peuvent donner lieu, par la calcination , à des combinaisons doubles de chaux, de silice ou d'alumine et d'un alcali, soit la potasse ou la soude ; que ces combinaisons artificielles sont analogues aux combinaisons natu-

relles que les minéralogistes désignent sous les noms de Mésotype,
d'Apophyllite, de Stilbite, et que même il peut se former artificiellement un composé de silice, d'alumine et de soude analogue à
l'Analcime. Il est à remarquer que ces divers composés constituent
des hydrates, et que s'ils font partie des chaux hydrauliques naturelles, ils doivent perdre cette eau à la calcination pour la
reprendre ensuite lors de l'humectation et amener ainsi une
prompte consolidation des mortiers. Si ces sels doubles ou des
composés analogues se forment pendant la calcination des mélanges
artificiels, avec ou sans addition de sels alcalins, les silicates pro
duits à l'état anhydre se trouvent, au moment de leur contact
avec l'eau, dans les mêmes conditions que les produits naturels
après leur calcination. Il interviendrait donc dans la consolidation
des mortiers hydrauliques une action analogue àcelle qui amène la
consolidation du plâtre, une véritable hydratation.

En soumettant ces considérations à l'opinion des chimistes, je
le fais avec toute la réserve que commande l'énonciation de toute
théorie nouvelle. D'un autre côté je ne voudrais pas tirer de mes
observations la conclusion absolue que les chaux hydrauliques ne
peuvent exister ou se former sans présence de potasse ou de soude ;
il est possible que la combinaison de silice ou d'alumine et de
chaux puisse également posséder la propriété d'absorber de l'eau
et de passer à l'état d'hydrate.

*Ciment par la voie humide.*

Les silicates alcalins me paraissent destinés à devenir l'objet
d'applications plus étendues et non moins importantes. — J'ai
reconnu qu'en mettant en contact, même à froid, la craie avec
une dissolution de silicates alcalins, il y avait un certain échange
d'acides entre les deux sels ; qu'une partie de la craie était transformée en silicate de chaux, et une quantité correspondante de
potasse en carbonate de potasse.

Si de la craie en poudre a été ainsi transformée, partiellement
en silicate de chaux, la pâte qui résulte de cette transformation

durcit peu à peu à l'air et prend une dureté aussi grande et même plus grande que celle des meilleurs ciments hydrauliques. C'est une véritable pierre artificielle qui, lorsqu'elle a été préparée en pâte assez liquide et avec assez de silicate, présente la propriété d'adhérer avec une grande force aux corps à la surface desquels elle a été appliquée. — Ainsi le silicate de potasse ou de soude peut servir à préparer des matières analogues aux ciments sans qu'il soit nécessaire de soumettre les pierres calcaires à la calcination. Ces mastics pourront devenir applicables dans certaines circonstances à la restauration des monuments publics, à la fabrication des objets de moulure lorsque la fabrication sur une grande échelle du silicate alcalin soluble permettra d'obtenir ce produit à un prix modéré.

*Pierres dures artificielles avec les calcaires tendres et poreux.*

Lorsqu'au lieu de présenter à une dissolution de silicates alcalins la craie en poudre on la présente en pâte naturelle ou artificielle suffisamment consistante, il y a également absorption de silice en quantité qu'on peut faire varier à volonté, les craies augmentent de poids, prennent un aspect lisse, un grain serré et une couleur plus ou moins jaunâtre, selon qu'elles sont plus ou moins ferrugineuses.

Les immersions peuvent avoir lieu à froid ou à chaud, et quelques jours d'exposition à l'air suffisent ensuite pour transformer la craie, ou tout autre calcaire poreux, en un calcaire siliceux d'une dureté assez grande pour rayer quelques marbres et qui augmente graduellement par le séjour à l'air. Trois à quatre pour cent de silice absorbée donnent déjà une très-grande dureté à la craie.

Les pierres ainsi préparées sont susceptibles de recevoir un beau poli, mais le durcissement d'abord superficiel ne pénètre au centre que si la pierre est suffisamment poreuse. Les craies à grain serré ne durcissent fort qu'à la surface parce que l'air ne peut pénétrer au centre. Toutefois, pour ces dernières pierres, lorsque la surface durcie est enlevée par le frottement, une autre couche de pierre dure, siliceuse, se forme : pour ce durcissement successif, on arrive à de meilleurs résultats en exposant les pierres à l'air légèment humide qu'à l'air sec.

En raison de leur dureté, de leur grain fin et uniforme, les craies ainsi préparées me paraissent pouvoir devenir d'une grande utilité pour faire des travaux de sculpture, des ornements divers d'un travail même très-délicat, car lorsque les craies ont été soumises à la *silicatisation* dans un état de sécheresse convenable, ce qui est essentiel pour obtenir de bons résultats, les surfaces ne sont nullement altérées.

J'ai fait des essais pour appliquer ces pierres à l'impression lithographique et mes premiers résultats me promettent un succès complet. Il convient de laisser suffisamment durcir à l'air les surfaces après les avoir dressées et poncées, avant d'y appliquer le dessin.

Pour ce dernier usage il sera nécessaire de choisir la craie d'un grain bien serré et uniforme, car les craies naturelles sont toujours traversées en tous sens par des veines de silicate de chaux ou de carbonate de chaux cristallisé ; ces veines deviennent apparentes par la silicatisation au point qu'après cette opération il est facile, de faire en quelque sorte, l'étude anatomique de la craie, ce qui n'est pas sans présenter quelqu'intérêt scientifique.

Ma méthode de transformer les calcaires tendres en calcaires siliceux me paraît une conquête précieuse pour l'art de bâtir. Des ornements inaltérables à l'humidité et d'une grande dureté, au moins à leur surface, pourront être obtenus à des prix peu élevés, et dans beaucoup de cas un badigeonnage fait avec une dissolution de silicate de potasse pourra servir à préserver d'une altération ultérieure d'anciens monuments construits en mortier et en calcaire tendre ; le même badigeonnage pourra devenir d'une application générale dans les contrées où, comme en Champagne, la craie forme presque l'unique matière applicable aux constructions.

On est naturellement porté à se demander ce que devient la

potasse ou le carbonate de potasse, et s'il n'y a pas lieu de craindre une altération des pierres silicatisées par l'effet de la nitrification ; l'expérience peut seule décider une pareille question. Je dirai, toutefois, qu'ayant silicatisé de la craie avec du silicate de soude, il s'est formé à la surface de cette pierre d'abondantes efflorescences de carbonate de soude et que la pierre n'en a été nullement altérée, tant elle avait acquis de dureté. J'ai étendu ma méthode de *silicatisation* ou de silicification aux carbonates de baryte, de strontiane, de magnésie, de plomb, etc. Les mêmes réactions ont lieu et des produits analogues s'obtiennent.

### *Formation des silicates calcaires naturels.*

La nature paraît avoir eu souvent recours à des transformations analogues à celles que j'emploie pour fabriquer des pierres artificielles. Mes essais ne tendent-ils pas à faire admettre que le silicate de chaux qui accompagne les craies n'a d'autre origine que celle résultant d'une infiltration de silicate de potasse ou de soude à l'état de dissolution dans l'eau. La présence d'un peu de potasse que j'ai trouvée dans la craie, la conformation des veines de silicate de chaux qui traversent souvent les pierres en tous sens donnent un grand poids à cette opinion.

### *Causes du durcissement des pierres artificielles.*

Il restait un point important à décider : comment doit-on envisager l'action de l'air dans le durcissement des pierres artificielles ?

Il est évident que le silicate de chaux produit par l'échange d'acide, présentant un état gélatineux au moment de sa production, la craie imprégnée de ce silicate ne peut prendre de dureté que par le retrait successif que doit atteindre ce silicate par dessiccation ou par une combinaison plus intime. Mais cette cause qui explique convenablement la propriété qu'ont les craies en général de durcir à l'air par une longue exposition, est-elle la seule

qui intervienne dans le durcissement des craies silicatisées artificiellement ? Des boules de craie de même diamètre et de même
origine , *silicatisées* dans les mêmes conditions , furent, au sortir
de la dissolution de silicate de potasse , l'une exposée à l'air libre,
l'autre placée sous une cloche avec quelques fragments de chaux
vive , en interceptant toute communication avec l'air extérieur; au
bout de quatre jours la boule exposée à l'air libre avait pris une
dureté sensiblement plus grande que celle placée sous la cloche.

Je crois pouvoir conclure de ce fait que l'acide carbonique de
l'air intervient dans le durcissement des silicates artificiels lorsqu'ils restent imprégnés de silicate alcalin , et je n'eus pas de
peine à m'en assurer en mettant des craies récemment imprégnées
de silicate en contact avec de l'acide carbonique. Ce dernier fut
absorbé en grande quantité. Je reconnus bientôt que cette absorption d'acide carbonique était due au silicate de potasse retenu par
la craie, à cause de sa porosité, et qui, se trouvant par cette
absorption transformé en carbonate de potasse, détermine dans
la masse calcaire un dépôt de silice, qui, en se contractant con-
court puissamment à lui faire acquérir une grande dureté.

Lorsqu'on expose à l'air une dissolution de silicate de potasse ,
elle se coagule lentement et présente au bout d'une quinzaine
de jours une gelée parfaitement transparente qui prend successivement du retrait et acquiert une grande dureté sans perdre sa
transparence. La potasse passe à l'état de carbonate ; après plusieurs mois la silice ainsi obtenue est assez dure pour rayer le
verre.

( Le mémoire se termine par des considérations sur la formation
des roches siliceuses , alumineuses , etc., par voie humide.

# DEUXIÈME MÉMOIRE

SUR LES CHAUX HYDRAULIQUES, LES PIERRES ARTIFICIELLES ET DIVERSES<br>APPLICATIONS NOUVELLES DE SILICATES SOLUBLES.

1855.

## PREMIÈRE PARTIE.

Chargé, vers la fin de 1840, d'une expertise relative à des efflorescences abondantes qui s'étaient produites dans une construction toute récente et qu'on attribuait à la nitrification, je n'eus pas de peine à me convaincre que les sels effleuris étaient formés en grande partie de carbonate de soude, et que la chaux qui avait été employée, chaux hydraulique des environs de Tournay, n'avait pas été étrangère aux causes des efflorescences observées ; un examen plus minutieux m'apprit bientôt que toutes les chaux et notamment les chaux hydrauliques et les ciments naturels, contiennent des quantités notables de potasse et de soude.

### *Théorie des chaux hydrauliques.*

Dans un travail que j'ai publié en 1841, j'ai cherché à expliquer le rôle que la potasse et la soude pouvaient jouer dans les pierres à ciment, et j'ai admis que ces alcalis servent à transporter la silice sur la chaux et à constituer ainsi des silicates qui, au contact de l'eau, solidifient une partie de ce corps, constituant une hydratation analogue à celle de plâtre. Je présentai dès lors à l'Académie des sciences des faits nombreux à l'appui de cette théorie, celui, entr'autres, de la transformation immédiate de la chaux grasse en chaux hydraulique par son seul contact avec une dissolution de silicate de potasse. Si , lors de la cuisson d'une pierre à chaux , de la potasse est en contact avec de la silice , le silicate qui se forme doit nécessairement réagir , ce ne fût-il qu'au moment où la chaux cuite est mise en contact avec de l'eau.

J'ai beaucoup étendu mes expériences sur ce point, et j'ai constaté que l'on peut, avec de la chaux grasse et du silicate alcalin, tous deux pulvérisés très-fin et mélangés dans la proportion de 10 à 12 de silicate pour 100 de chaux grasse , obtenir une chaux qui présente tous les caractères des chaux hydrauliques. Si les matières n'étaient pas bien pulvérisés , la réaction serait très-incomplète, et un effet subséquent à la solidification déterminerait bientôt une désagrégation.

Si de mes essais anciens il est résulté la possibilité de convertir un mortier à chaux grasse en mortier hydraulique , en l'arrosant avec une dissolution de silicate alcalin , dans mes essais plus récents j'ai trouvé un moyen de produire immédiatement, avec le silicate vitreux et la chaux , des ciments hydrauliques dont on peut varier à volonté l'énergie. Cela permettra de faire assez économiquement des constructions hydrauliques sur les points où il n'existe que des calcaires à chaux grasse. Le silicate de potasse pulvérisé devient donc , en quelque sorte , un agent hydraulisateur dont une plus longue pratique déterminera la véritable utilité.

### Silicatisation ; pierres artificielles.

En voyant la grande affinité de la chaux pour la silice dissoute à la faveur de la potasse, je fus naturellement conduit à examiner l'action des silicates alcalins sur les pierres calcaires : là je fus plus heureux encore , car les silicates alcalins devinrent immédiatement l'objet d'applications très-étendues et d'une haute utilité. Voici ce que nous lisons à cet égard dans le *Compte-rendu des séances de l'Académie des Sciences* (séance du 5 mai 1841) :

« En délayant de la craie en poudre dans une dissolution de
» silicate de potasse, on obtient un mastic qui durcit lentement
» à l'air, en prenant assez de dureté pour devenir applicable,
» dans quelques circonstances, à la restauration des monuments
» publics, à la fabrication des objets de moulure, etc..

« La craie, en pâte artificielle ou en pierre naturelle, plongée
» dans une dissolution de silicate de potasse absorbe, même à
» froid, une quantité de silice qui peut devenir considérable, en
» exposant la pierre alternativement, et à plusieurs reprises, à
» l'action de la dissolution siliceuse et à l'air : la craie prend un
» aspect lisse, un grain serré et une couleur plus ou moins jaunâtre
» suivant qu'elle était plus ou moins ferrugineuse. Les pierres
» ainsi préparées sont susceptibles de recevoir un beau poli ; le
» durcissement d'abord superficiel pénètre peu à peu au centre,
» alors même que la pierre présente une assez grande épaisseur;
» elles paraissent pouvoir devenir d'une utilité incontestable pour
» faire des travaux de sculpture, des ornements divers d'un tra
» vail même très-délicat ; car, lorsque la silicatisation a lieu sur
» des craies bien sèches, ce qui est essentiel pour obtenir de bons
» résultats, les surfaces ne sont nullement altérées. Des essais
» faits pour appliquer ces pierres à l'imprimerie lithographique
» promettent un succès complet.

» Cette méthode de transformer les calcaires tendres en cal-
» caires siliceux peut devenir une conquête précieuse pour l'art
» de bâtir. Des ornements inaltérables à l'humidité, et d'une
» grande dureté, pourront être obtenus à des prix peu élevés,
» et, dans beaucoup de cas, un badigeonnage fait avec une
» dissolution de silicate de potasse pourra servir à préserver
» d'une altération ultérieure d'anciens monuments construits en
» calcaire tendre ; ce même badigeonnage pourra devenir d'une
» application générale dans les contrées où, comme en Cham-
» pagne, la craie forme presque l'unique matière applicable aux
» constructions. »

Toutes ces améliorations dans l'art de bâtir et d'orner nos constructions, si complétement décrites dès 1841, sont déjà largement entrées dans le domaine de la pratique et bientôt tous nos grands monuments auront trouvé dans la silicatisation des conditions précieuses de durée et d'inaltérabilité.

Il est un point important que j'ai cherché dès lors à élucider : comment doit-on envisager l'action de l'air dans le durcissement des calcaires siliceux ou artificiels ? J'ai démontré expérimentalement qu'une partie de la silice du silicate se sépare par l'action de l'acide carbonique de l'air, mais que les parties de ce silicate qui ont eu le contact d'une quantité suffisante de carbonate de chaux, passent à l'état de silicate de chaux. Mes publications de 1841 signalaient encore les nombreuses applications industrielles auxquelles l'injection artificielle des substances minérales dans l'intérieur des corps poreux peut donner lieu, soit qu'on opère sur les matières organiques ou sur les matières inorganiques.

Préoccupé de l'importance de toutes ces applications pour l'art de bâtir, j'ai essayé d'en étendre le nombre, et je viens signaler à l'Académie une série nouvelle d'observations.

J'avais donné le nom de *silicatisation* à cette remarquable transformation des calcaires tendres et poreux en calcaires siliceux et compactes. Comme les opérations de cette silicatisation des sculptures et constructions donnent lieu à des colorations des pierres souvent très-prononcées, ce qui rend les joints plus apparents et les veines plus marquées, je me suis efforcé de remédier à cet inconvénient.

Il y avait deux points essentiels et généraux à rencontrer : les murs en craie restent trop blancs, alors que certains calcaires ferrugineux prennent des nuances trop sombres ; pour obvier à ces inconvénients, je produis la silicatisation des calcaires trop blancs avec un silicate double de potasse et de manganèse. C'est une matière vitreuse d'un violet foncé, qui donne une dissolution brune laquelle, appliquée à la silicatisation, laisse déposer dans la pâte siliceuse artificielle un peu d'oxyde de manganèse.

L'oxyde de cobalt se combine aussi , mais en plus petite quantité , avec le silicate de potasse ; la silice précipitée par un courant d'acide carbonique est d'un beau bleu d'azur ; ce silicate pourra trouver son emploi dans le traitement des marbres blancs

Lorsque les nuances des pierres sont trop foncées , et cela est plus général , j'obtiens d'excellents résultats en délayant dans la dissolution de silicate , de petites quantités de sulfate artificiel de baryte' qui ,, en pénétrant dans la pierre poreuse , en même temps qu'il se forme une couche siliceuse , y reste fixement retenu , entrant , ainsi que nous le verrons plus loin , dans un état de combinaison chimique.

Quant aux joints , ils peuvent se faire avec des ciments ordinaires dont les nuances sont éclaircies au moyen de matières blanches , mais ils peuvent encore être plus complétement dissimulés avec les fragments de la pierre elle-même , mêlée avec du silicate de potasse vitreux , le tout pulvérisé très-fin , au préalable de l'emploi , et appliqué à l'état de pâte liquide.

### *Teinture de la pierre.*

Dans le cours de mes recherches tendant à donner aux pierres silicatisées les nuances destinées à mettre en harmonie les diverses parties de nos constructions , soumises à la silicatisation, avec celles qui n'ont pas subi cette opération , j'ai été conduit à soumettre les pierres à une véritable teinture en les imprégnant d'abord de certains sels métalliques , pour ensuite y déterminer des précipitations de composés colorés. Ainsi , en imprégnant les pierres de sels de plomb ou de cuivre et en les mettant ensuite en contact avec du gaz sulfhydrique ou une dissolution de sulfhydrate d'ammoniaque , j'obtiens à volonté des nuances grises , noires ou brunes. Avec les sels de cuivre et le ferrocyanure de potassium , j'obtiens des nuances cuivreuses , etc. A cette occa-

sion j'ai fait une observation qui , au point de vue des théories
chimiques , comme aussi des applications industrielles , n'est pas
dénuée d'intérêt. J'ai constaté que les calcaires poreux et tous
autres corps d'une composition analogue , lorsqu'on les soumet à
l'ébullition dans des dissolutions de sulfate métallique à oxydes
insolubles dans l'eau, donnent lieu à un dégagement d'acide car
bonique et à la fixation à une assez grande profondeur des oxydes
métalliques en combinaison intime avec du sulfate de chaux.
Lorsque les sulfates métalliques sont à oxydes colorés, on obtient
ainsi de très-belles teintures en diverses nuances très-pures.
Ainsi , avec le sulfate de fer on produit des teintures en rouille
plus ou moins foncées , selon qu'on opère avec des dissolutions de
couperose plus ou moins concentrées : avec le sulfate de cuivre ,
la pierre reçoit une magnifique teinture en vert ; avec le sulfate
de manganèse , on a des nuances brunes ; avec un mélange de
sulfate de fer et de sulfate de cuivre , j'obtiens une couleur chocolat. J'ai de même expérimenté avec les sulfates de nickel, de
chrome , de cobalt , etc., et avec des mélanges de ces sulfates.
Les affinités qui déterminent ces réactions sont assez puissantes
pour que les oxydes métalliques des sulfates puissent être si complétement absorbés par le carbonate de chaux que, pour certains oxydes tels que celui de cuivre , il n'en reste pas dans les
liquides , après l'ébullition avec un excès de craie , des traces
appréciables aux réactifs les plus sensibles. Il est à remarquer
que , lorsqu'on opère avec des mélanges de sel de cuivre et de sel
de fer ou de manganèse, ce sont les oxydes de fer et de manganèse qui se précipitent les premiers.

Lorsqu'on opère avec des sulfates à oxydes incolores , tels
que les sulfates de zinc, de magnésie ou d'alumine , on obtient
également la précipitation des oxydes et leur pénétration jusqu'à
une certaine profondeur dans la pierre avec dégagement d'a-
cide carbonique Le biphosphate de chaux donne des résultats
analogues

Nous examinerons plus tard ce que cette réaction présente de général et l'explication qu'elle permet de donner de certaines épigénies.

Dans la plupart des circonstances, pour faire entrer les pierres teintes dans les constructions ou pour en former des mosaïques, il sera utile d'augmenter leur dureté par la silicatisation. On procédera de même pour les objets en coquillage, en corail blanc, etc., dont on aura produit la teinture par es même procédés en opérant à des pressions diverses.

Je terminerai sur ce point par une observation importante : c'est que les sulfates doubles qui se forment en pénétrant dans la pierre, font corps avec elle et en augmentent la dureté, au point que par l'emploi de certains sulfates, tels que celui de zinc, la silicatisation devient moins nécessaire.

# DEUXIÈME PARTIE.

## *Peintures siliceuses.*

Dans mes premières recherches sur la silicatisation des pierres, en constatant la grande affinité de la chaux pour l'acide silicique, j'ai été conduit à examiner l'action de cette base sur les acides à réaction peu prononcée ou sur les oxides pouvant jouer le rôle d'acide, et j'ai été à même de constater que la chaux séparait l'alumine de l'aluminate de potasse, l'oxide d'étain du stannate de potasse, l'oxide de zinc du zincate d'ammoniaque et l'oxide de cuivre du cuprate ammoniacal. Dans cette dernière réaction, j'ai trouvé une explication que je crois satisfaisante de la formation comme aussi de la constitution chimique des cendres bleues.

Dès cette époque (1841), j'ai obtenu, avec de la chaux vive délitée et des dissolutions de sulfate d'alumine et d'autres sulfates métalliques, des composés dont aujourd'hui je viens constater la formation lorsqu'on fait chauffer ces dissolutions avec du carbonate de chaux et d'autres carbonates. De même qu'après avoir constaté que la chaux vive enlevait la silice aux silicates alcalins en dissolution, j'ai bientôt découvert que cette propriété appartenait aussi au carbonate de chaux.

C'est là un rapprochement qui n'aura pas échappé aux chimistes. Il me reste à signaler un autre développement de mes recherches sur les silicates solubles.

Je disais en 1841 : *Toutes les fois qu'on met en contact un sel reputé insoluble dans l'eau avec la dissolution d'un sel dont l'acide peut former, avec la base du sel insoluble, un sel plus insoluble encore, il y a échange, mais le plus souvent cet échange n'est que partiel, ce qui permet d'admettre la formation de sels doubles.*

Par une application directe de cette loi, je suis parvenu à silicatiser en quelque sorte la céruse, le chromate de plomb, le chromate de chaux et la plupart des carbonates métalliques. D'autres essais ont eu lieu avec des oxides, notamment avec l'oxide de plomb.

Arrivé à cette limite de mes recherches, je fus conduit naturellement à les étendre à l'application des silicates alcalins à la peinture.

En abordant l'étude des chaux hydrauliques, j'ai rendu un juste hommage aux travaux de Vicat; aujourd'hui, en abordant cette nouvelle étude, j'aime à signaler l'importance des travaux de Fuchs. Les applications faites lors de la reconstruction du théâtre de Munich, par l'habile professeur bavarois des silicates de potasse ou de soude (wasserglas) pour rendre les tissus incombustibles, ont ouvert, au point de vue de la fixation des couleurs, une voie où d'autres expérimentateurs, et plus particulièrement Kaulbach et Dingler sont entrés, à des points de vue différents, une voie que le but de ce travail est d'ouvrir plus large encore aux savants et aux artistes qui la croiront susceptible de conduire à un résultat utile (1).

---

(1) En communiquant, avant de les publier, à mes illustres amis M. Liebig et M. Mitscherlich, mes observations relativement à l'application des silicates solubles à la peinture, à l'impression, etc., j'ai reçu de l'un et de l'autre de ces savants l'avis qu'une partie de ces applications avaient déjà eu lieu en Allemagne, et que le célèbre peintre Guillaume de Kaulbach avait, dès 1847, employé d'après les indications de M. Fuchs, professeur de minéralogie à l'Université de Munich, le silicate soluble de soude (wasserglas) dans la fixation des peintures à fresque exécutées au nouveau musée de Berlin.

Dans un récent voyage que j'ai fait à Munich, M. Liebig m'a procuré la satisfaction de connaître personnellement M. Fuchs. C'est un respectable vieillard de 82 ans, dont l'affaiblissement des facultés physiques n'a pu éteindre encore la grande perspicacité et l'ardeur au travail.

M. de Kaulbach se trouvait en ce moment à Berlin, et je n'ai pu voir qu'un spécimen de ses travaux de peinture à fresque fixée au wasserglas, c'est un paon de grandeur naturelle peint sur le mur extérieur de son atelier, donnant dans un jardin.

J'ai dû regretter aussi de ne pas rencontrer à Munich M. le professeur Pettenkofer, qui a suivi avec une grande attention les travaux de M. Fuchs sur la nouvelle peinture à fresque, travaux dont il fait une glorification méritée dans le journal polytechnique de Dingler, tout en respectant le secret gardé jusqu'ici par M. Fuchs, relativement à la composition de ses couleurs.

A la suite de l'incendie du théâtre de Munich, l'utilité de trouver un enduit qui

Par un examen comparatif des propriétés spéciales d'un grand nombre de corps propres à la peinture siliceuse, j'ai cherché à établir les principes de ce genre de peinture, de même que précédemment j'ai cherché à fixer les opinions des chimistes sur la silicatisation des pierres et en général sur la pénétration de silice de toute matière organique ou inorganique.

### Peinture sur pierre.

Mes premiers essais ont eu pour but l'application au pinceau des couleurs, et en particulier des couleurs minérales sur pierre, en remplaçant l'huile et les essences par des dissolutions de silicate de potasse.

Lorsque, pour effectuer ce genre de peinture, on vient à broyer la céruse ou l'oxide de zinc avec la dissolution de silicate de potasse, il y a, au moment du contact, transformation de la céruse ou de l'oxide de zinc en silicate, et cette transformation est presque instantanée; en sorte qu'il ne reste pas le temps nécessaire pour appliquer au pinceau la couleur nouvelle avant sa consolidation. Il convient, pour rendre ces matières aptes à la peinture siliceuse de retarder cette consolidation en ajoutant à la céruse, ou, ce qui donne de meilleurs résultats, à l'oxide de zinc une quantité considérable de sulfate de baryte artificiel, sur lequel la dissolution siliceuse n'exerce qu'une action lente. Il vaudrait mieux, pour la facilité de la peinture, n'employer comme base blanche que ce dernier sulfate, qui fait parfaitement corps avec la dissolution siliceuse et paraît même s'y combiner chimiquement, mais il en résulterait une couleur demi-transparente,

---

pût rendre incombustibles les décorations et les charpentes du nouveau théâtre fixa plus particulièrement l'attention de M. Fuchs. Le travail qu'il présenta à cette occasion à l'Académie royale de Munich, le 13 mars 1824, lui valut de la libéralité éclairée du Roi de Bavière une médaille d'or et un prix de cent ducats. Ce travail, trop ignoré en France et dont la connaissance antérieure m'eût épargné bien des recherches, peut être considéré comme une introduction à toutes les applications subséquentes des silicates alcalins.

Décembre 1855.

une couleur qui, selon l'expression des peintres, couvre peu ; de
là l'utilité d'employer des mélanges de l'oxide de zinc ou de la
céruse avec le sulfate en question.

Je considère l'application du sulfate de baryte artificiel à la
peinture siliceuse comme un des plus importants résultats de mes
recherches. C'est une base blanche peu coûteuse et qui facilite
beaucoup l'application des couleurs en général au pinceau.

Si des bases blanches on passe aux diverses matières minérales
colorées, des réactions analogues se manifestent. Il est des couleurs qui sont en quelque sorte trop siccatives ; d'autres ne durcissent que trop lentement, suivant qu'il y a des combinaisons
plus ou moins intimes, plus ou moins promptes entre la base
colorée et l'acide silicique, combinaisons qui généralement retien-
nent avec une grande persistance une certaine quantité de
potasse. Sans aborder encore l'étude des composés siliceux qui se
forment, et en restant d'une manière absolue sur le terrain des
faits pratiques, je dirai que les couleurs dont l'application m'a le
mieux réussi, sont le vermillon (1), l'outremer bleu et vert, le sulfate de cadmium, les oxides de manganèse, les ocres, l'oxide de
chrome, etc.

J'ajouterai que les couleurs peu siccatives sont rendues propres à
la peinture par leur mélange avec des couleurs plus siccatives, ou
par l'addition de bases blanches très-siccatives.

Les peintures, lorsque la couleur est broyée avec la dissolution
siliceuse concentrée, s'exécutent bien plus nettement sur les
pierres silicatisées que sur celles non silicatisées : ces dernières
présentent une proprité absorbante qui appauvrit la couleur de la
silice qui lui sert de ciment. Si l'on opère par ces moyens sur des
pierres qui n'ont pas été saturées de silice par leur exposition
alternative et à plusieurs reprises à l'action de la dissolution

----

(1) L'expérience m'a appris que le vermillon prenait, après quelques mois
d'application, une couleur violacée, surtout dans la peinture sur bois.

Décembre 1835.

siliceuse et à l'air, il convient au moins de faire une première imprégnation des surfaces à couvrir de peinture par un seul arrosement des pierres avec une faible dissolution de silicate.

Lorsque les peintures à faire ne permettent pas de grandes dépenses et ne sont pas destinées à être poncées, on peut recourir à une simple silicatisation des murailles couvertes au préalable de couleurs broyées à l'eau, comme s'il s'agissait d'une peinture à fresque.

Dans les travaux de silicatisation des murailles nues ou couvertes de peinture qui ont eu lieu depuis plusieurs années en Allemagne, à la suite des publications de M. Fuchs et des miennes, la silice est appliquée en arrosant les murs avec de la dissolution de silicate de soude, au moyen de pompes portatives ou de seringues dont le jet se trouve divisé sous forme de pluie, le liquide étant forcé de passer à travers un disque percé de petits trous. D'autres seringues en usage à Munich sont disposées de manière à diviser le jet par l'expulsion simultanée de dissolution siliceuse et d'air.

Peinture sur bois.

Dans l'application de la peinture sur bois, on rencontre un autre genre de difficultés. Tandis que la surface [des pierres qui reçoivent la peinture reste invariable ; celle du bois, par l'effet même de son humectation par l'eau qui sert de véhicule à la couleur, tend à se tourmenter et à se fendiller au point que certains bois ne peuvent que difficilement recevoir des couleurs bien adhérentes.

Le contact seul de la dissolution alcaline change l'aspect physique des bois : il les brunit en général : ainsi du chêne jeune passe à la nuance du chêne vieux. Les bois qui reçoivent le plus facilement la peinture siliceuse sont les bois à tissus blanc et serré, tels que le frêne et le charme.

Un autre inconvénient se présente encore lorsque les couleurs et l'enduit siliceux, formant vernis, sont trop épais : c'est que la peinture appliquée se fendille, inconvénient qui appartient du reste aussi aux peintures ordinaires, lorsqu'elles sont appliquées à de trop grandes épaisseurs et qu'elles sèchent trop vite.

*Peinture sur métaux , sur verre, sur porcelaine , etc.*

La peinture siliceuse est fortement adhérente aux métaux si l'on a eu soin d'éviter leur contact avec l'eau pendant quelque temps ; il en est de même de la peinture sur verre et sur porcelaine. Dans la peinture sur verre, les couleurs siliceuses prennent une demi-transparence qui permet de les utiliser dans la construction des vitraux d'église ; le bas prix auquel cette peinture peut s'établir lui promet un emploi très-considérable dans le décors des habitations.

Le sulfate artificiel de baryte, appliqué, au moyen de silicate de potasse, sur le verre, donne à ce dernier une couleur d'un blanc de lait d'une grande beauté ; le sulfate fait intimement corps avec la silice ; après peu de jours de repos, le silicate de potasse n'est plus enlevé, même par un lavage à l'eau chaude. Lorsqu'on soumet le verre ainsi peint à l'action d'une température élevée, il se produit à sa surface un bel émail blanc qui peut remplacer économiquement les émaux à base d'oxide d'étain. Le bleu d'outremer, l'oxide de chrome, les émaux colorés et porphyrisés, deviennent d'une grande ressource dans la nouvelle méthode de peinture ; s'il n'y a pas combinaison chimique dans toutes ces applications de couleurs, au moins il y a une adhérence très-forte, déterminée par le ciment siliceux dont le durcissement est facilité sans doute par l'excessive division avec laquelle il se présente à l'action de l'air. C'est ainsi qu'avec de l'émeri, du fer oligiste, et surtout du peroxide de manganèse incorporés, à l'état d'une poudre très-fine, dans une dissolution concentrée de silicate de potasse, j'obtiens des mastics qui acquièrent une dureté extrême et qui résistent à l'action de la chaleur sans se désagréger, mais qui présentent l'inconvénient de n'acquérir qu'à la longue une entière insolubilité dans l'eau. Le mastic de peroxide de manganèse appliqué par couches minces à la surface du fer s'y vitrifie à une haute température.

*Impression sur papier , étoffes, etc. Typographie , encre à écrire.*

J'ai étendu mes applications de silicates solubles à la fabrication des papiers peints , à l'impression typographique , à l'impression sur étoffes, à la dorure, etc. Après avoir vaincu quelques difficultés pratiques propres à chaque genre de travail , j'ai parfaitement réussi. Les procédés mis en œuvre diffèrent très-peu de ceux en usage dans les divers modes d'impression : une condition importante à réaliser , c'est le maintien dans un état d'humidité toujours uniforme des couleurs siliceuses pendant leur application, soit que cette application ait lieu avec des planches en bois ou en métal, soit qu'on ait recours aux caractères d'imprimerie.

Toutes les couleurs que j'ai appliquées sur pierre, sur bois, sur métaux et sur verre, peuvent servir à l'impression sur papier et sur étoffes ; la typographie, l'impression en couleurs , l'application de l'or et de l'argent en poudre ou en feuilles, tout s'exécute avec une extrême facilité en ayant soin , pour certaines couleurs , d'écarter les sulfures dans la préparation des silicates. Le silicate de potasse permet de fixer l'outremer sur étoffes avec plus de solidité et d'économie que par les procédés actuels.

En broyant le charbon divisé qui sert à fabriquer les encres de Chine avec du silicate de potasse en dissolution, j'obtiens une encre à écrire d'une presque entière indestructibilité par les agents chimiques. L'on peut encore obtenir une encre analogue , en altérant à chaud du cuir par de la potasse caustique ( encre Braconnot), et en ajoutant à la matière noire charbonneuse et alcaline, ainsi obtenue , de la silice en gelée pour saturer la potasse. Une décoction de cochenille mêlée à une dissolution de silicate de potasse donne une encre rouge dont la couleur est longtemps protégée contre l'action du chlore et des acides.

Je n'entrerai pas ici dans une longue énumération des détails pratiques concernant ces applications , dont des spécimen ont déjà pu figurer à l'Exposition universelle des produits de l'industrie ; j'aborderai une dernière question qui touche plus directement aux réactions chimiques.

## TROISIÈME PARTIE.

*Fixation de la potasse dans la peinture siliceuse.*

L'application des peintures sur pierres calcaires, au moyen du silicate de potasse, permet d'expliquer comment, après quelque temps de séjour à l'air, les couleurs peuvent devenir entièrement insolubles dans l'eau. Le contact du carbonate de chaux avec le silicate de potasse, détermine toujours la décomposition de ce sel et sa transformation en silicate de chaux, qui retient la matière colorante, et même de l'acide carbonique, conformément aux présomptions récemment exprimées par M. Fuchs ; mais lorsque les couleurs sont appliquées sur des corps qui ne réagissent pas sur le silicate soluble, tels que le bois, le fer, le verre, etc., il devient nécessaire de chercher des conditions d'insolubilité dans la réaction même de la matière colorante sur ce silicate. Pour le bois, la difficulté peut être levée par l'application, avant de procéder à la peinture siliceuse, d'un enduit crayeux assez épais pour permettre le ponçage ; la craie pouvant être appliquée à la colle ou fixée avec très-peu de silicate.

Alors même que les décompositions du sel alcalin sont déterminées par la matière colorante elle-même, il reste encore un inconvénient grave : c'est l'exsudation dans les temps humides du carbonate de potasse, jusqu'à l'expulsion complète de ce sel. Longtemps j'ai tenté de remédier à ce vice capital des peintures siliceuses ; j'ai cherché dans diverses réactions chimiques un remède à cet inconvénient ; j'ai constaté qu'un lavage de ces peintures avec une dissolution faible de chlorhydrate d'ammoniaque permet de déterminer l'insolubilité absolue de la couleur, mais il reste du chlorure de potassium qui en altère l'éclat jusqu'après son expulsion par des lavages répétés; force a été de recourir au petit nombre d'agents chimiques susceptibles de fixer la potasse, en formant avec elle des composés insolubles dans la couleur même, mais sans en effectuer l'élimination : l'acide perchlorique et l'acide hydrofluosilicique sont les agents chimiques qui devaient d'abord se présenter à l'esprit.

Au point de vue théorique, il n'y avait que l'embarras du choix, mais l'acide hydrofluosilicique était le seul agent sur lequel mon attention pouvait s'arrêter au point de vue de l'application industrielle. J'ai constaté si souvent que par des lavages ménagés avec de l'acide hydrofluosilicique on augmentait considérablement la fixité des couleurs et déterminait leur entière insolubilité, que je n'hésite plus aujonrd'hui à signaler l'utilité de cet agent dans toute espèce de peinture siliceuse, mais surtout dans la peinture sur verre, pourvu qu'il soit employé en dissolution très-faible; car, à l'état de concentration, il possède la propriété remarquable de dissoudre la plupart des oxydes, et ce ne sera pas sa propriété la moins précieuse pour l'industrie lorsque cet acide sera livré au commerce à des prix modérés.

Les couleurs siliceuses sur verre ont une certaine demi-transparence qu'il importe de conserver, mais qui tend à diminuer graduellement par l'action de l'eau. Des vitraux peints au silicate ont été soumis à l'ébullition dans de l'eau sans que les couleurs se soient détachées; ces couleurs étaient même avivées, vues par réflexion; mais si, après cette amélioration apparente, on en examinait l'effet par transparence, on apercevait qu'elles étaient ternies, ce que j'attribue à l'état d'opacité qu'elles avaient acquis, et qui résultait de la dissolution d'une partie de ciment siliceux, qui agit sur ces couleurs comme l'huile agit sur le papier. L'emploi bien ménagé de l'acide hydrofluosilicique permettra donc de donner aux peintures sur verre une entière insolubilité; mais, de même que l'emploi du muriate d'ammoniaque, celui de l'acide hydrofluosilicique diminue un peu leur transparence. On sera peut être conduit à donner, à de longs intervalles, aux peintures sur verre exposées à la pluie, un léger vernis au silicate de potasse pur. Une longue expérience peut seule fixer les opinions sur ce point. Ce même vernis remplacera avec avantage les essences dans l'application de certaines couleurs par les procédés actuels de peinture sur verre et sur porcelaine; il n'aura pas comme les essences l'inconvénient d'altérer certaines couleurs par la réduction des oxides ou des sels colorants.

### *Fluosilicatisation des pierres.*

Dans toutes les recherches dont j'ai eu l'honneur de présenter le résumé à la Société, après avoir écarté la soude dans la prépation des silicates pour éviter des efflorescences, je suis constamment resté sous l'impression d'une certaine inquiétude, relativement aux inconvénients que pouvait présenter, dans un avenir plus ou moins éloigné, la présence de la potasse ou du carbonate de potasse, non seulement dans les couleurs siliceuses, mais encore dans les pierres silicatisées. Cependant par la conservation de pierres silicatisées depuis 1841, pierres dans lesquelles aucune formation nitrière n'a eu lieu, j'ai acquis personnellement une entière sécurité sur ce point. Comme toutefois cette inquiétude était partagée par beaucoup de chimistes, et qu'une grande responsabilité morale se trouvait engagée de ma part, depuis surtout que S. Exc. M. le maréchal Vaillant, que l'on voit si noblement empressé à seconder tout progrès utile, a ordonné l'application de la silicatisation à divers grands établissements publics, et que sur la recommandation de S. Exc. M. le Ministre d'État, elle est employée à la consolidation des nouveaux travaux du Louvre, j'ai dirigé tous mes efforts vers la fixation ou l'élimination de la potasse.

Il ne me suffisait plus d'avoir organisé dans mes usines la fabrication du silicate de potasse avec assez d'économie et sur une assez large échelle pour permettre bientôt à chaque architecte d'effectuer la silicatisation à un prix qui ne dépassera pas un franc par mètre carré de surface ; j'ai voulu me mettre à l'abri de tout mécompte, et avoir réponse à toute objection , avec bien plus de résolution et de sollicitude que s'il s'agissait d'assurer le succès d'une tentative industrielle.

Ce que j'ai fait ¡pour fixer la potasse dans les peintures, je l'ai appliqué à la silicatisation des pierres calcaires, ce ne fût-il que pour le cas où l'on aurait fait emploi de silicate trop alcalin.

Après que le durcissement des calcaires tendres et poreux par leur transformation partielle en silicate de chaux a eu lieu, j'ai voulu assurer l'insolubilité de la potasse encore retenue par les pierres après leur lavage, en les imprégnant d'une dissolution très-affaiblie d'abord, mais qui peut être graduellement augmentée en force, d'acide hydrofluosilicique, lequel pénètre dans la pierre, et forme avec la potasse un composé insoluble bien connu des chimistes.

J'ai donné le nom de *fluosilicatisation* à ces réactions successives destinées à garantir nos constructions des conséquences de l'injection superficielle d'une matière alcaline fixe qui, si elle n'amène pas à la longue des germes de nitrification , à cause de la densité qu'acquiert la pierre et de son imperméabilité à l'air et aux émanations ammonicales, tend à donner aux murs des propriétés hygrométriques qui peuvent compromettre l hygiène des habitations·

Ces résultats n'étaient pas plus tôt acquis , que j'ai porté mon attention sur un autre ordre d'idées.

Si l'emploi de l'acide hydrofluosilicique peut être efficace pour fixer la potasse, cet acide ne peut-il pas intervenir directement pour produire la fluosilicatisation ?

L'acide hydrofluosilicique en contact avec la chaux est susceptible d'en dissoudre une certaine quantité sans précipitation immédiate de fluorure de calcium et sans séparation de silice ; mais arrivé à un certain point de saturation , toute addition nouvelle de chaux décompose entièrement l'acide hydrofluosilicique, en déplaçant tous les principes constituants solidifiables, si bien qu'aucune trace de ces corps ne se trouve plus dans le liquide. J'ai constaté que lorsqu'on substitue le carbonate de chaux à la chaux vive, les mêmes résultats se produisent et que le silicium et le fluor, en pénétrant dans la pierre calcaire, en augmentent la dureté d'une manière un peu plus lente, il est vrai, qu'en faisant emploi du silicate de potasse seul. C'est la fluosilicatisation dans toute sa simplicité, par une réaction aussi facile à comprendre que facile à réaliser dans nos travaux de construction et de restauration, et qui certainement ne peut laisser aucune espèce d'inquiétude au point de vue de réactions subséquentes.

Pour diminuer dans cette application l'action un peu corrosive que produit le premier contact de l'acide avec les pierres calcaires, et écarter toute crainte d'altération des sculptures, je sature une partie de l'acidité par une addition de craie, en m'arrêtant au point où une précipitation commence. Il serait même imprudent de faire cette saturation longtemps avant l'emploi du liquide ; car ce dernier, ainsi saturé, laisse déposer peu à peu une partie des principes pétrifiants qu'il contient.

L'action de l'acide hydrofluo silicique sur le plâtre a lieu presque instantanément par le seul contact à froid, et la surface du plâtre se durcit sensiblement ; mais si l'injection de l'acide est abondante, le plâtre se recouvre bientôt de mamelons rugueux, dus à la formation d'une certaine quantité de bisulfate de chaux, l'acide sulfurique ne pouvant être expulsé, comme l'est l'acide carbonique dans le traitement des calcaires.

Dans une dernière partie de ce travail, j'exposerai le détail de mes études concernant les meilleurs procédés de production des silicates de potasse et de soude, soit par la voie sèche, soit par la voie humide, et les éléments de la fabrication industrielle de l'acide hydrofluosilicique.

En ce qui concerne ce dernier produit, je n'aurai pas de peine à convaincre la Société qu'il peut devenir un agent industriel dont l'utilité et les applications seront d'autant plus générales que les conditions de sa production seront rendues plus écono miques.

Enfin je terminerai ces recherches par quelques considérations déduites de l'examen des divers composés chimiques dont l'existence a été signalée dans l'exposition des applications industrielles que j'ai successivement décrites. J'examinerai le composé particulier de sulfate de chaux et d'oxides métalliques divers qui pénètrent plus ou moins profondément dans la pierre par le contact à chaud du carbonate de chaux avec divers sulfates, et la généralisation de cette action à d'autres carbonates; en second lieu, je signalerai l'état où se trouvent la silice et la potasse ou la soude dans les pierres calcaires silicatisées et les composés colorés insolubles qui constituent la base des peintures siliceuses; enfin j'analyserai la réaction qui résulte du contact de l'acide hydrofluosilicique avec un excès de carbonate de chaux et qui amène directement un durcissement considérable des pierres calcaires.

# RÉSUMÉ THÉORIQUE

SUR L'INTERVENTION DES SILICATES ALCALINS DANS LA PRODUCTION
ARTIFICIELLE DES CHAUX HYDRAULIQUES, DES CIMENTS ET DES PIERRES
SILICEUSES, AVEC QUELQUES CONSIDÉRATIONS GÉOLOGIQUES SUR LA
FORMATION PAR VOIE HUMIDE EN GÉNÉRAL.

---

J'ai l'honneur de prier la Société de vouloir bien me prêter
encore quelques instants de son attention bienveillante pour me
permettre de compléter mes appréciations théoriques sur l'intervention des silicates alcalins dans les diverses réactions dont je
l'ai déjà entretenue à diverses époques.

*Chaux hydraulique artificielle.* — Lorsqu'on met en contact de
la chaux grasse délayée dans de l'eau avec une dissolution de silicate de potasse ou de soude, la potasse ou la soude sont élimi-
nées et l'acide silicique, en se combinant à la chaux, se substitue
à une partie de l'eau qui l'imprégnait et qui formait avec elle une
pâte susceptible de se délayer indéfiniment dans ce liquide. Cette
combinaison donne à la chaux la nature d'une matière plastique,
laquelle, surtout si elle a subi l'action de la chaleur, ne blanchit
plus l'eau qui la baigne. Toutes les molécules de chaux sont
reliées entre elles par le ciment siliceux. Lorsque cette chaux,
ainsi convertie en un silicate basique se trouve, dans les constructions, mise en contact avec l'air, elle absorbe de l'acide carbonique et elle se transforme peu à peu en silicio-carbonate de chaux.

Si au silicate de potasse ou de soude on substitue les aluminate de ces bases, des phénomènes analogues se produisent.

*Silicatisation des enduits ou mortiers de chaux grasse.* —
Lorsque l'on arrose les murailles avec des dissolutions de silicate

de potasse ou de soude, une réaction immédiate se produit par la transformation en silicate de chaux de la chaux hydratée qui fait partie des enduits, si anciens qu'ils puissent être. Une partie de la potasse ou de la soude est éliminée. Le silicate qui, dans sa formation même, se trouve intimement lié avec du carbonate de chaux, constitue ainsi un composé analogue à celui que donne l'exposition à l'air du mortier hydraulique obtenu artificiellement par voie humide. Si le silicate alcalin est en excès, la réaction continue avec le carbonate lui-même, en vertu de la propriété que nous allons analyser.

*Silicatisation des calcaires poreux.* — Le carbonate de chaux naturel en contact avec le silicate de potasse ou de soude se comporte en partie comme la chaux caustique. Il élimine, par son seul contact avec le silicate alcalin, la potasse ou la soude et l'acide silicique forme avec le carbonate de chaux le même silicio-carbonate dont nous avons précédemment signalé la formation dans le durcissement des chaux hydrauliques et des platrages à la chaux grasse. C'est toujours du silicio-carbonate de chaux qui prend naissance.

Ce qui vient à l'appui de l'explication que je donne des phénomènes qui s'accomplissent dans ces transformations, c'est que dans toutes ces circonstances, même la dernière, il y a élimination de potasse ou de soude à l'état caustique et que la craie par son ébullition avec les silicates alcalins solubles peut enlever à ces silicates jusqu'à la dernière trace de silice tout en retenant l'acide carbonique qui entre dans sa composition.

Il faut donc le reconnaître, les carbonates calcaires exercent une action basique en présence de l'acide silicique qui n'est retenu par la potasse ou la soude que par une affinité des plus faibles.

L'on voit quel enchaînement intime il existe entre ces phénomènes qui tendent tous au même résultat, savoir : la formation d'un silicio-carbonate de chaux hydraté susceptible de perdre successivement son eau d'hydratation et d'acquérir la dureté caractéristique des ciments hydrauliques.

*Silicatisation du plâtre.* — L'action des silicates solubles sur le plâtre diffère essentiellement de celle qu'exercent les silicates sur les calcaires ; les phénomènes ne sont pas les mêmes et l'on doit ajouter : les résultats au point de vue de l'application pratique sont plus incertains et par conséquent plus difficiles à obtenir.

Les silicates alcalins en contact avec le sulfate de chaux donnent lieu à une double décomposition. A côté du silicate de chaux il se forme du sulfate de potasse ou de soude.

Or, on sait que ce dernier sel par sa cristallisation tend à détruire les calcaires poreux : on s'en sert pour éprouver les pierres gélives. Dans le durcissement du plâtre la première précaution est d'employer exclusivement le silicate de potasse.

Mais là n'est pas le plus grand inconvénient ; l'action des silicates alcalins sur la pierre calcaire poreuse est une action successive et lente qui est extrêmement favorable à la consolidation des molécules siliceuses , tandis que celle qu'exercent ces sels sur le plâtre est rapide, en quelque sorte instantanée ; de là résulte un gonflement des plus considérables qui donne au plâtre une grande porosité lorsqu'on gâche ce corps avec la dissolution siliceuse , et qui amène en peu de temps des déplacements d'écailles lorsqu'on opère sur du plâtre moulé ou mis en œuvre dans nos constructions.

Aussi , dans toutes les circonstances où j'ai parlé de l'application des silicates solubles au durcissement du plâtre , j'ai toujours insisté sur la nécessité de l'emploi de dissolutions beaucoup plus faibles que celles applicables au durcissement des pierres calcaires.

Au point de vue du durcissement du plâtre , il est à regretter que la silicatisation par l'acide hydrofluosilique présente également le grand inconvénient de laisser dans la masse de l'acide sulfurique susceptible d'en altérer la solidité.

*Silicatisation des peintures à fresque.* — Lorsqu'on applique mes moyens de silicatisation aux travaux de peinture à fresque, les phénomènes qui s'accomplissent sont exactement les mêmes que ceux signalés pour la silicatisation des mortiers à chaux grasse. On sait que dans cette peinture, les couleurs broyées à l'eau, sont appliquées sur un enduit de chaux grasse et de sable pendant qu'il n'est encore que légèrement raffermi, et que les couleurs se trouvent ainsi fixées par le carbonate de chaux lui-même dont des pellicules cristallisées viennent envelopper les couleurs et leur donner un aspect mat et vaporeux qui donne une grande valeur artistique à ce genre de peinture.

Lorsqu'on arrose avec des pompes les surfaces de murailles recouvertes de peintures, les parties superficielles de l'enduit de chaux grasse prennent la composition et les propriétés des ciments hydrauliques et en acquièrent la dureté.

*Peinture siliceuse au pinceau.* Dans cette peinture avec des couleurs broyées au silicate, les carbonates et les oxides qui font partie des couleurs forment lentement des combinaisons intimes avec l'acide silicique et la potasse ou la soude est déplacée. Si la couleur est une matière inerte, non susceptible de combinaison chimique, il se produit, par la seule action de l'acide carbonique de l'air, une pâte siliceuse qui constitue un ciment extrêmement adhérent et acquiert en peu de temps, par l'élimination des alcalis, une entière insolubilité.

Lorsque ces peintures s'appliquent sur des murailles en plâtrage à la chaux ou en pierre calcaire, l'adhésion devient plus intime, le silicate alcalin agissant à la fois sur la matière colorante et sur le carbonate de chaux de la muraille. Dans ce dernier cas, il devient essentiel, pour éviter l'apauvrissement trop prompt de la couleur de son ciment siliceux, d'arroser les murs, au préalable de l'application des couleurs, avec une faible dissolution de silicate alcalin.

De même que pour le plâtre, il est des couleurs qui sont trop vivement et trop profondément modifiées dans leur nature par le contac\ues silicates alcalins ; cela fait que la céruse , le chrômate de plomb et quelques autres sels qui se transforment en un silicate gélatineux , doivent être écartés avec le même soin que ceux qui sont altérés par la réaction alcaline des silicates.

*Impression siliceuse.* Lorsque les silicates sont bien saturés de silice, le papier sur lequel l'impression a lieu ne s'altère nullement, mais l'on est cependant en droit de se demander si aucune réaction n'aura lieu avec le temps.

Quant à l'impression sur étoffes, après quelques jours d'exposition à l'air, la silice est fixée et le lavage enlève la potasse ou la soude.

Les parties de silicate qui auraient conservé de la solubilité peuvent être fixées par un léger savonnage ou même par un bain de sel marin , ce corps étant susceptible de former avec les silicates alcalins un composé peu soluble dans l'eau.

*Injection siliceuse.* En étendant l'application des silicates solubles, comme je l'ai fait dès 1841, à l'injection artificielle de silice de toutes les pierres poreuses et en général des matières organiques et inorganiques , il n'y avait plus à attribuer le durcissement de ces corps à d'autre réaction qu'à la décomposition des silicates par l'action lente de l'acide carbonique de l'air et à la contraction graduelle de la silice , c'est ce que j'ai fait dès lors , et cela m'a suggéré quelques considérations sur la formation des pâtes siliceuses ou alumineuses naturelles et en général sur les espèces minérales formées par la voie humide.

*Considérations géologiques.* — Je disais en 1841 : « En réflé-
» chissant à cette admirable réaction (celle qui amène le durcis-
» sement des pierres calcaires par la silice) , n'est-on pas conduit
» naturellement à attribuer non-seulement toutes les infiltrations
» et les cristallisations de silice dans les roches calcaires , mais
» encore la formation d'une infinité de pâtes siliceuses et alumi-
» neuses naturelles , à des réactions analogues : n'est-on pas
» conduit à admettre que le silex pyromaque , les agates , les

» bois pétrifiés et autres infiltrations siliceuses n'ont eu d'autre
» origine ; qu'ils doivent leur formation à la décomposition lente
» du silicate alcalin par l'acide carbonique. C'est là une question
» qui est appelée à jeter une vive lumière sur l'histoire naturelle
» du globe , et qui paraît presque amenée à un état de démons-
» tration par la présence de la potasse , que j'ai trouvée , en
» petite quantité, dans différentes pierres siliceuses , telles que le
» silex pyromaque , l'opale de Castellamonte , etc. » (Comptes-
rendus des séances de l'Académie des sciences , séance du 10
mai 1841).

Mes appréciations sur l'intervention de la potasse dans la formation des espèces minérales ne se sont pas arrêtées à la silice et
à l'alumine , la présence de la potasse constatée dans le peroxide
de manganèse cristallisé, dans le fer oligiste, le sulfure d'anti-
moine, le sulfure de molybdène, etc., m'ont permis d'énoncer
la possibilité d'expliquer la formation de plusieurs de ces corps
par la voie humide, notamment celle des oxides solubles dans un
excès de potasse. À l'appui de ces opinions , je pouvais citer la formation , par le seul contact de l'acide carbonique de l'air et par
une contraction lente , de masses de silice assez dures pour rayer
le verre, de pâtes alumineuses translucides, d'oxide d'étain hydraté avec un aspect vitreux , etc.

Tel était l'état de la question en 1841. Depuis je me suis livré à
des investigations en vue de confirmer mes premières appréciations.

En ce qui concerne la formation des pâtes siliceuses , je dois à
l'obligeance de M. Pottier , commandant du brick l'*Agile* , qui a
été longtemps en stationnement dans les parages de l'Islande , de
m'avoir rapporté des dépôts siliceux divers , provenant des eaux
du Geyser. Je remarquai dans ces échantillons des couches
de quartz hydraté résinite ou opale qui visiblement procède
d'une contraction lente des molécules siliceuses exposées au contact
de l'air, et d'autres couches de quartz terreux ou de silice opaque

et poreuse, dont la formation s'expliquerait peut-être par la diversité des conditions dans lesquelles la contraction de la silice a eu lieu; la pâte siliceuse donnant tantôt par un retrait graduel et lent du quartz hydraté transparent ou translucide, dont les ondulations suivent les contours des roches sur lesquelles la silice a été déposée, tantôt des couches poreuses dues à une dessiccation trop rapide. Un observateur attentif ne pourrait-il pas reconnaître dans cette succession de couches les effets des diverses saisons de l'année ?

J'ai appliqué mon attention à varier le phénomène de la précipitation de la silice par des actions graduelles, comme celle qui est produite dans la nature par l'acide carbonique de l'air.

Voici une première expérience que j'ai tentée avec un plein succès :

Au fond de plusieurs vases de verre, j'ai introduit une dissolution concentrée de silicate de potasse ; puis, avec une grande précaution, en évitant tout mélange des liquides, j'ai versé par-dessus séparément des acides nitrique, chlorhydrique et acétique concentrés, mais d'une densité cependant plus faible que celle de la dissolution de silicate de potasse, de manière à les faire rester au-dessus de la dissolution siliceuse.

Les résultats suivants ont été observés : Immédiatement il s'est formé au contact une couche siliceuse opaque, séparant exactement les deux liquides ; successivement cette couche s'est épaissie du côté du silicate de potasse par l'addition à la pellicule séparative de couches de silice transparente ou translucide, et en huit jours j'ai ainsi obtenu des couches siliceuses dures et compactes, présentant plus d'un centimètre d'épaisseur. Pendant ce temps les acides se saturaient de proche en proche de potasse. En opérant sur des couches de silicate de potasse de cinq centimètres d'épaisseur, j'ai, en moins d'un mois, transformé le tout en silice demi-transparente et dure, la potasse ayant pénétré à travers la couche de silice condensée tout aussi longtemps que la pellicule

supérieure qui a servi de point de départ à cette espèce de végé-
tation siliceuse , était en présence d'acide libre.

En signalant ce fait , mon but n'est pas d'entrer ici dans une
discussion théorique sur le mode d'action qui intervient, de prononc-
cer s'il s'agit seulement d'un phénomène osmotique, activé par les
affinités chimiques, ou si les causes diverses de ces réactions sont
dues aux différences de densité des liquides , densité modifiée par
les réactions elles-mêmes. Je dirai seulement que dans aucun cas
on ne pourra tirer argument dans cette circonstance de la nature
hétérogène de la membrane osmotique qui a servi au début du
phénomène.

La silice ainsi condensée artificiellement , présente l'aspect
chatoyant de l'opale ; sa conservation dans un air non entièrement desséché , nous donnera sans doute le moyen d'obtenir cette
pierre avec toutes ses propriétés caractéristiques.

Cette première expérience a bientôt été suivie de diverses
autres. L'on a fait emploi d'acide sulfurique concentré qui , à
raison de sa densité , a occupé le fond du verre ; par dessus , on
a versé avec précaution de la dissolution de silicate de potasse.
Le phénomène de la décomposition graduelle s'est encore produit ; la pellicule formée s'est épaissie de plus en plus du côté de
la dissolution siliceuse , et la saturation de l'acide sulfurique par
la potasse , s'est manifestée par le dépôt graduel , au fond du
verre , de cristaux de sulfate de potasse.

D'autres liquides réagissants ont encore été employés. Au-dessus du silicate de potasse on a versé une couche de dissolution de
chlorhydrate d'ammoniaque. La silice s'est de même séparée et
la potasse a pénétré à travers la couche siliceuse pour se substituer peu à peu à l'ammoniaque qui s'est échappé en partie dans
l'air.

Là encore, les affinités chimiques ont été assez énergiques pour
déterminer promptement la formation d'une couche de silice
épaisse et dure.

Le phénomène se produit bien plus lentement lorsqu'on s'adresse à des réactions moins énergiques. Ainsi, après avoir constaté que le chlorure de sodium peut former avec les silicates alcalins un composé peu soluble, j'ai versé de la dissolution de sel marin sur une couche de silicate de potasse, et j'ai reconnu que la membrane blanche formée au point de contact ne s'épaississait que très-lentement, l'action devant s'arrêter sans doute en peu de temps. Ajoutons cependant qu'une couche d'alcool, superposée au silicate de potasse, soustrait à ce dernier, peu à peu, de l'alcali, et détermine la solidification successive de la silice ou d'un silicate acide.

Je crois que ces faits, d'un intérêt général au point de vue physico-chimique, donnent la clef de la formation des pâtes siliceuses naturelles dans des circonstances où la condensation de la silice est due à d'autres corps qu'à l'acide carbonique.

Etendant mes appréciations à la formation générale des espèces minérales par la voie humide, j'ai reproduit les phénomènes dont je viens de parler, en modifiant de cent manières les agents et les moyens d'action.

Dès qu'il a été constaté que les affinités chimiques peuvent si facilement s'exercer à travers des pellicules formées des principes de l'un des corps réagissants, j'ai superposé un grand nombre de dissolutions de densité différente, dont le mélange devait donner lieu à un précipité. J'ai été ainsi à même d'observer une foule de phénomènes analogues à ceux que je viens de décrire, mais ayant un caractère beaucoup plus général.

Dans ces expériences, j'ai de même opéré par le contact immédiat des liquides, et lorsque la pellicule formée au contact tendait à se précipiter au fond du liquide le plus dense, je l'ai retenue mécaniquement avec un tissu de fil de platine ou tout autre obstacle non altérable.

J'ai été plus loin ; supprimant la pellicule naturelle, j'ai interposé entre les liquides réagissants des corps poreux, de la poterie dégourdie par exemple, et je suis arrivé aux mêmes résultats avec un grand nombre de matières précipitables, et, par ce mode de réaction lente, j'ai souvent obtenu de magnifiques cristallisations.

En plaçant par exemple un vase poreux, rempli de dissolution d'acétate de plomb dans un bain d'acide chlorhydrique, les liquides étant de niveau des deux côtés de la paroi poreuse, en moins d'un jour la dissolution d'acétate de plomb a diminué de hauteur d'un centimètre environ, et le vase qui la contenait s'est rempli de magnifiques aiguilles de chlorure de plomb ; l'acide acétique de l'acétate s'est retrouvé mélangé à l'acide chlorhydrique, et après la séparation de tout le plomb, de l'acide chlorhydrique a pénétré dans le vase tapissé de cristaux. En opérant avec du nitrate d'argent ou du nitrate de protoxyde de mercure et de l'acide chlorhydrique, les chlorures d'argent et de mercure se sont déposés graduellement ; mais dans les conditions où l'expérience a eu lieu, l'action a été sans nul doute trop rapide, car les chlorures n'ont pas pu affecter l'état cristallisé.

Un nouvel essai a eu lieu avec du nitrate de protoxyde de mercure et de l'acide chlorhydrique, en opérant sur de plus grandes masses, et le chlorure a très-bien cristallisé. Par des réactions analogues, j'ai préparé du phosphate de chaux ayant une apparence cristalline, du sulfate de chaux, du carbonate de zinc, du ferrocyanure de fer, de cuivre, etc., etc. Les matières cristallines ou amorphes se produisent tantôt dans la dissolution du sel métallique, tantôt dans la dissolution du corps réagissant. Souvent des changements très-considérables dans le niveau des liquides se sont produits.

L'acétate de plomb et le nitrate de baryte, séparés par des parois poreuses d'un bain d'acide sulfurique, donnent lieu à un dépôt graduel de sulfate de plomb et de sulfate de baryte denses et adhérents contre les parois des vases ; la nature cristalline du dernier sel surtout n'est pas douteuse ; avec l'acétate de plomb et le carbonate de potasse j'ai obtenu le carbonate de plomb mamelonné et adhèrent aux parois du vase poreux. Pour donner la mesure de la variété des réactions qu'on peut produire ainsi, j'ajouterai que du chlorure d'or, renfermé dans un vase poreux, plongé dans un bain de dissolution de sulfate de protoxide de fer, ou d'hyposulfite de soude, ou enfin d'acide oxalique, donne lieu en peu de jours à la précipitation contre les parois des vases, d'une couche plus ou moins épaisse de paillettes d'or d'un aspect cristallin.

Dans plusieurs des réactions tentées je suis arrivé à de bons résultats, en renversant un ballon à col étroit entièrement plein d'une des dissolutions réagissantes, dans un vase contenant l'autre dissolution, de manière à éviter toute rentrée de l'air. Aussitôt le contact, le col du ballon se remplit du précipité dû au mélange partiel des deux dissolutions, puis un échange lent s'établit entre les deux liquides à travers la masse insoluble. Ainsi avec l'acétate de plomb renfermé dans le ballon et l'acide muriatique contenu dans le vase inférieur, on obtient en très peu de temps de magnifiques cristallisations de chlorure de plomb. Pour éviter la formation trop abondante du chlorure de plomb amorphe, on peut retarder le contact au moyen d'un fragment de terre poreuse, d'un tampon d'amiante, d'un bouchon joignant mal ou d'un petit fragments d'éponge, mais il est convenable de ne pas trop contrarier la possibilité du contact. Un disque mince et poreux en liége, fixé au point séparatif des deux liquides réagissants m'a donné souvent les meilleurs résultats.

Dans cette superposition des liquides, les réactions paraissent s'établir peu à peu et graduellement dans toute la hauteur des colonnes, la réaction se propageant à travers les dissolutions. Sans nul doute des changements locaux de densité ou de température dûs aux réactions elles-mêmes interviennent pour produire ces effets. Souvent le volume de la masse liquide augmente, quelquefois une espèce d'arborisation au milieu des liquides prélude à la cristallisation.

J'ai versé de l'essence aérée de térébenthine sur une dissolution de sulfate de protoxide de fer, sans interposition d'aucun corps ; peu à peu, au point de contact, du sulfate basique de sesquioxide de fer s'est formé ; la réaction a bientôt gagné toute la hauteur du liquide ferrugineux et la colonne supérieure d'essence a pris une couleur rougeâtre par la dissolution d'une quantité notable de sesquioxide de fer dont une partie se précipite par l'ébullition et qu'on serait tenté de considérer comme se rapprochant de l'acide ferrique. Une action graduelle a aussi lieu par le contact de l'essence aérée de térébenthine avec une dissolution d'acide sulfureux. De l'acide sulfurique se produit dans ce cas. J'ai même obtenu la transformation partielle de l'ammoniaque en acide nitrique en faisant séjourner une couche d'essence aérée sur une dissolution d'ammoniaque dans l'eau.

La réaction des acides oxalique et tartrique sur le chlorure de calcium et l'acétate de chaux m'a donné de l'acétate et du tartrate de chaux cristallisés ; je pourrais citer beaucoup d'autres réactions produites avec succès, mais cela m'écarterait trop de l'objet principal de ce travail qui devait d'abord s'appliquer exclusivement au rôle que joue la silice dans mes procédés de silicatisation.

Lorsque mes recherches nouvelles, dont plusieurs exigent beaucoup de temps, seront complétées, j'en ferai l'objet d'une communication spéciale, me bornant aujourd'hui à cet exposé sommaire de quelques faits qui font suffisamment pressentir tout ce que la géologie et même la physiologie peuvent trouver de lumières nouvelles dans la voie d'expérimentation où je suis entré.

En variant les températures, la densité des liquides, la pression, la nature des corps poreux, etc., j'ai l'espoir que la plupart des matières minérales cristallisées pourront être reproduites artificiellement et que des faits nouveaux permettront bientôt de se rendre compte d'une manière plus satisfaisante que cela n'a été possible jusqu'à ce jour, d'une partie des transformations qui s'accomplissent dans les organes des végétaux et des animaux.

# BREVETS D'INVENTION

CONCERNANT MES APPLICATIONS DES SILICATES SOLUBLES.

EXTRAIT DES MÉMOIRES DESCRIPTIFS.

## I.

**Brevet d'invention de 15 ans pour des procédés de fabrication de chaux ou ciments hydrauliques et de divers produits analogues, inscrit le 29 décembre 1840; et brevets d'addition et de perfectionnement inscrits les 19 janvier, 28 avril, 8 et 10 mai 1841, le tout expirant le 29 décembre 1855.**

§ 1.er — *Inscription du 29 décembre 1840.*

Un travail étendu sur la nitrification et les efflorescences nitrières m'ayant conduit à faire un examen approfondi de la nature chimique des pierres a chaux, cette étude analytique m'a permis de constater que dans les calcaires qui servent à faire la chaux il existe une quantité variable de potasse ou de soude à l'état de silicate, de chlorure et quelquefois de sulfate. J'ai découvert par suite que lors de la calcination de ces pierres la chaux agit sur les silicates alcalins et ceux obtenus par la décomposition des chlorures et sulfates alcalins, en présence de l'argile et qu'elle se transforme ainsi en silicate basique; enfin que les alcalis mis à nu portent leur action sur une nouvelle quantité de silice et d'alumine. Les silicates et aluminates alcalins formés donnent à leur tour, en présence de la chaux, des silicates et aluminates de chaux.

J'ai constaté par de nombreuses analyses que les chaux sont d'autant plus hydrauliques que les pierres qui les fournissent ont contenu de plus grandes quantités de sels de potasse et de soude et en même temps de l'argile; et que la théorie de la formation de la chaux hydraulique et du ciment romain repose sur les transformations ou décompositions successives dont il vient d'être question.

Fixé ainsi sur la nature des chaux et ciments hydrauliques, mon attention s'est portée sur les moyens de produire artificiellement des matières analogues en faisant intervenir la potasse, la soude ou leurs combinaisons salines et en agissant sur des pierres à chaux peu hydraulique, à chaux grasse et à chaux maigre.

Voici les moyens de travail que j'ai été conduit à adopter.

#### FABRICATION DES CHAUX ET CIMENTS HYDRAULIQUES PAR LA VOIE SÈCHE

Je fais des mélanges de pierres à chaux ou de chaux avec des silicates ou aluminates de potasse ou de soude naturels ou artificiels (Feldspath, verre etc., etc. Je détermine par une calcination convenable la réaction de la chaux sur ces silicates, et je forme ainsi des silicates basiques de chaux qui constituent le caractère distinctif des chaux hydrauliques.

#### FABRICATION DES CHAUX OU CIMENTS HYDRAULIQUES PAR LA VOIE HUMIDE.

Je décompose par la chaux le silicate et l'aluminate soluble de potasse ou de soude mélangés ou séparés, en ajoutant à la dissolution de ces sels de la chaux délitée en poudre, et cela au moment de faire emploi de la chaux ou du ciment.

Je forme des chaux, ciments ou mortiers hydrauliques encore par la voie humide en décomposant par la chaux délitée ou la baryte :

1.º Des dissolutions ammonicales d'oxide de cuivre, de zinc ou de tout autre oxide métallique soluble dans l'ammoniaque liquide ;

2.º Des dissolutions alcalines de peroxide d'étain, d'oxide de zinc ou de tout autre oxide soluble dans la potasse caustique ;

3.º Des dissolutions de sulfates et autres sels d'oxides métalliques de toute nature, mais notamment d'oxide d'aluminium (magmas d'alunerie) d'oxide de cuivre, d'oxide de fer, de manganèse, de zinc de magnésium, etc.

Tous ces différents composés obtenus par la voie humide à l'état pâteux ( et dont quelques uns sont colorés), comme aussi les composés obtenus par la voie sèche sont susceptibles d'emplois divers soit isolément, soit en mélange avec des matières sablonneuses ou autres dans les constructions, les travaux de moulure, de stuc, de décor, citernage, etc., etc.

En résumé, la découverte dont je suis auteur et pour laquelle je demande à être breveté consiste dans l'application de la potasse, de la soude ou de leurs sels naturels ou artificiels à la préparation des chaux et ciments hydrauliques, et dans la décomposition de divers sels métalliques, par la chaux ou la baryte, pour former des composés analogues aux chaux hydrauliques, susceptibles des mêmes emplois et propres aussi à la confection du stuc et de travaux de décor, etc.

## § 2. — *Inscription du 19 janvier 1841.*

En poursuivant mes travaux sur la production artificielle des silicates de chaux, qui forment la base des chaux hydrauliques, j'ai découvert que les principes de mon invention concernant la fabrication des chaux et ciments hydrauliques, s'appliquent avec un plein succès au plâtre et au durcissement des pierres et principalement des pierres calcaires poreuses comme aussi du plâtre moulé.

C'est ce perfectionnement qui forme l'objet de cette nouvelle inscription.

J'ai obtenu d'excellents résultats en ajoutant au plâtre , au moment de le gâcher , de la chaux hydraulique naturelle ou artificielle en quantité suffisante pour faire protéger le plâtre par le silicate de chaux.

On peut également se servir de chaux ordinaire , mais alors il convient, après que le plâtre a durci , de le faire bouillir dans une dissolution de silicate de potasse ou seulement d'appliquer cette dissolution à la surface.

Tous ces plâtres silicatisés prennent à l'air une grande dureté et résistent fort bien à l'action de l'eau.

J'ai reconnu que l'affinité de l'acide silicique pour la chaux était telle que le plâtre moulé ou les pierres à chaux poreuses façonnées ou non, sont en partie transformées en silicates susceptibles de prendre à l'air une grande dureté , lorsqu'on fait chauffer ces corps dans une dissolution de silicate de potasse ou de soude.

L'objet du brevet de perfectionnement que je demande , s'applique donc à la transformation entière ou partielle de produits minéraux , notamment du sulfate ou du carbonate de chaux, ou autres bases ayant une grande affinité pour l'acide silicique , en silicates de ces bases , en employant les différents moyens indiqués.

J'opère en particulier sur la pierre à plâtre , le plâtre calciné , le plâtre moulé et sur les pierres calcaires poreuses telles que des craies : produisant ainsi une silicatisation de ces corps qui leur donne de la dureté et de l'inaltérabilité à l'air et à l'humidité , propriétés qui les rendent aptes à des usages auxquels on ne pouvait que difficilement les consacrer jusqu'à ce jour.

### § 3. — *Inscription du 28 avril 1841.*

En poursuivant mes recherches concernant la fabrication des pierres artificielles, j'ai été assez heureux pour généraliser l'application de la substitution complète ou partielle d'un acide à un

4

autre, en mettant en contact des sels insolubles de chaux ou d'autres bases avec des sels solubles dont l'acide est de nature à former avec les bases en question des sels plus insolubles encore ou plus fixes et présentant des qualités nouvelles, soit dureté, couleur, etc.

Ainsi, par exemple, de même qu'avec le silicate de potasse, je durcis les craies naturelles ou en pâte agglutinée, le plâtre et la céruse, au moyen de dissolutions d'aluminate et de manganésiate de potasse ou de soude, de phosphate de soude, de fluorure de potassium, de zincate d'ammoniaque, etc., je produis des résultats analogues. En faisant réargir le chromate de potasse sur le carbonate de plomb, je produis à volonté tous les degrés de saturation de chromate de plomb.

Ainsi, par la réaction des sels solubles sur des insolubles, je produis un grand nombre de composés utiles par des procédés inconnus jusqu'alors et en agissant en quelque sorte comme la nature paraît l'avoir fait dans la formation d'un grand nombre de roches. J'attribue en effet à des réactions analogues, la formation non-seulement des calcaires siliceux, mais encore de la plupart des roches alumineuses, siliceuses, manganésiennes, etc.

§ 4. — Inscription du 8 mai 1841.

Un examen minutieux de toutes les circonstances qui concourent au durcissement des craies ou plâtres silicatisés par les procédés indiqués dans mes précédents mémoires descriptifs, m'a fait connaître que dans ces circonstances il intervient deux modes d'action bien distincts ; qu'ainsi que je l'ai reconnu d'abord, il existait un échange d'acide et qu'une partie de carbonate ou de sulfate de chaux se transformait en silicate. Depuis, j'ai constaté qu'il y avait un autre mode d'action qui agissait même de la manière la plus puissante, surtout lorsque les silicatisations ont lieu à froid. Ce mode d'action repose sur la décomposition par l'acide carbonique de l'air, du silicate de potasse lui-même qui a été absorbé et dont la silice se trouve totalement séparée par la transformation du silicate de potasse en carbonate. Cette cause de l'isolement de la silice et de sa séparation dans un état où elle peut prendre une grande agrégation, est si importante, que j'y rattache non-seulement l'une des causes de la formation des calcaires siliceux naturels, mais encore la cause, sinon unique, du moins principale, de la plupart des dépôts siliceux naturels, silex pyromaques, opales, agathes, pétrifications siliceuses, etc, etc.

Ayant découvert cette origine du durcissement des carbonates ou sulfates calcaires, etc., dans leur état poreux, je n'eus pas beaucoup d'efforts à faire pour arriver à perfectionner mes procédés de silicatisation en injectant artificiellement de silice toute espèce de corps poreux, par leur immersion dans une dissolution de silicate alcalin et leur exposition subséquente à l'air ; cette opération peut se répéter plusieurs fois pour augmenter l'élément siliceux et jusqu'à ce que le corps ait cessé d'être absorbant, et alors encore que par application de pellicules successives qui ont pris de l'agrégation par l'action de l'air, tous les pores du corps poreux ont été bouchés, je puis conduire l'action plus loin en formant à la surface même du corps un enduit en quelque sorte vitreux et transparent.

Après que la décomposition du silicate alcalin a eu lieu, l'eau n'enlève que le carbonate de potasse qui s'est formé, et la silice, appliquée par cette voie durcit de plus en plus.

Je parviens ainsi, non-seulement à donner une dureté comparable à celle des pierres siliceuses naturelles aux matières minérales, soit en pierres, soit en pâtes, mais j'arrive même à minéraliser en quelque sorte, à pétrifier les substances organiques susceptibles de ne pas être détruites facilement par la réaction de l'alcali qui intervient.

Pour indiquer un des nombreux exemples de l'application des silicates alcalins solubles, je dirai que des pâtes argileuses pétries avec de l'eau, ou mieux du silicate de potasse dissous ( ces pâtes

étant diversement colorées ou marbrées si l'on veut ) ayant servi
à façonner des objets par les voies ordinaires, moulure, tour,
compression, etc., lorsqu'elles se sont suffisamment raffermies par
leur exposition à l'air, je complète la solidification et le durcissement en plongeant ces corps façonnés dans une dissolution de
silicate de potasse, et les laissant ensuite sans les laver soumis à
l'action de l'air. Cette dernière opération peut être répétée plusieurs fois pour donner à la couche siliceuse superficielle une
plus grande épaisseur. Ainsi le travail d'essai du sculpteur, lorsqu'il fait ses modèles en argile, sera rendu durable, inaltérable à
l'air par mon injection siliceuse.

Ainsi, tous les ornements en plâtre, mastic, carton pierre, etc.,
etc., seront utilement remplacés par des pâtes analogues à base
minérale silicatisées ; ces ornements peuvent recevoir le poli le
plus parfait, et acquérir une plus grande dureté que les marbres.

L'application des silicates alcalins est donc une véritable conquête pour les beaux arts, l'industrie manufacturière et l'économie
domestique. Dans combien de circonstances, en effet, n'aura-t-
on pas recours à mon vernis pétrificateur, pour préserver les
métaux de l'oxidation, les bois et matières organiques en général
de la décomposition ; fabriquer à froid de la vaisselle en pierre
en silicatisant des argiles façonnées, (espèce de porcelaine à froid),
faire des pierres artificielles pour une infinité d'usages divers,
en modifiant à volonté la dureté, le grain, la couleur, etc., etc.

Une des applications essentielles consistera dans le badigeonnage
des habitations de manière à les envelopper d'un enduit siliceux ;
la conservation des monuments publics commandera l'emploi de
cet enduit.

Au silicate de potasse ou de soude je substitue, dans quelques
circonstances, les aluminates on manganésiates alcalins qui donnent lieu à des réactions analogues.

L'application pour laquelle je demande un brevet d'addition et
de perfectionnement, consiste dans l'extension de l'emploi des
silicates, aluminates et manganésiates de potasse ou de soude,

au durcissement de toute espèce de corps organiques ou inorganiques pour leur donner des propriétés nouvelles, et en assurer la
conservation, que ces composés soient incorporés dans les matières par pétrissage, ou qu'ils soient appliqués par immersion et
badigeonnage, peu importe. Pour bien caractériser mon application, ces différents modes d'opérer sont employés suivant les
circonstances et la nature des matières sur lesquelles on opère.

### § 5. — *Inscription du 10 mai 1841.*

En recherchant si la nature, dans ses transformations, n'a pas
suivi les mêmes voies qui m'ont permis de convertir les craies en
calcaires siliceux ; je n'ai pas eu de peine à me convaincre de la
réalité de ce fait, et j'ai bientôt reconnu que, non seulement les
calcaires siliceux et alumineux ont dû se former par infiltration,
mais encore un grand nombre de calcaires compactes dans lesquels
on trouve encore quelquefois un noyau de craie. Me laissant
conduire par l'observation des phénomènes naturels, j'ai fait,
pour arriver à la transformation des craies et autres pierres poreuses, plâtre, etc., comme aussi de toute matière organique et
inorganique absorbante en matières dures, des expériences qui
m'ont permis de transporter, par le secours de la dissolution, au
moyen de l'acide carbonique ou des bicarbonates alcalins, le carbonate de chaux et celui de magnésie sur ces matières, produisant
successivement des couches d'une application pierreuse qui
acquiert beaucoup de densité et qui est très-adhérente. Ainsi avec
le muriate de magnésie dissous et mélangé de bicarbonate d'ammoniaque, de potasse ou de soude, appliqué par couches successives, je fais pénétrer le carbonate de magnésie dans la craie,
formant une espèce de dolomie artificielle. Par extension de ces
procédés de pétrification, qui se résument en une infiltration de
sels minéraux susceptibles de déposer dans la matière poreuse un
sel solide, faisant masse avec le corps poreux, je fais pénétrer de
la céruse par couches successives dans tous les corps absorbants,
en les imprégnant par immersion ou par application superficielle,
à plusieurs reprises, d'acétate de plomb basique qui subit ensuite

une décomposition par l'action de l'acide carbonique de l'air. Ce procédé de minéralisation est surtout favorable pour conserver les matières organiques.

L'objet pour lequel je sollicite un brevet de perfectionnement consiste, d'une manière générale, dans la formation artificielle des pierres dures en transportant dans les matières poreuses et tendres les substances minérales par infiltration. C'est un ciment pierreux dont je fais entrer les éléments constitutifs dans le corps pierreux, alors que ces éléments sont liquides ou gazeux, de manière à déterminer une consolidation progressive. Les infiltrations minérales peuvent être diversement coloriées et communiquer leurs couleurs aux pierres, et divers moyens tels que la pression de l'air, peuvent servir à faire pénétrer les dissolutions dans les pierres. Aucun liquide minéralisateur susceptible de décomposition chimique, soit par l'air, soit par la réaction des éléments du corps sur lequel il est appliqué, ou de corps appliqués ultérieurement, n'est excepté de mes agents. L'emploi de ces liquides (surtout du silicate de potasse) sera d'une haute importance pour la conservation des marbres et autres pierres, en servant à boucher par un ciment minéral, les fissures qui s'y forment, et en évitant une altération plus profonde par la gelée et l'application des mousses.

———

## II.

**Brevet d'invention de 15 ans, pour des procédés de durcissement et de coloration des pierres calcaires, inscrit le 4 août 1854, et brevets d'addition et de perfectionnement inscrits les 5 février, 23 juin et 13 juille de la même année, le tout prenant date du 4 août 1854 et expirant le 4 août 1869.**

§ 1.<sup>er</sup> *Inscription du 4 août 1854.*

Dans mes précédentes descriptions de brevets concernant la silicatisation des pierres calcaires, et en particulier l'application

de cette invention à la conservation et à la restauration des monuments construits en pierre tendre , je n'ai envisagé que l'emploi
du silicate de potasse ou verre soluble. Depuis j'ai reconnu l'utilité,
dans quelques circonstances , de donner en même temps aux
pierres des nuances variées , non par des applications de couleurs
formant épaisseur , mais par la fixation de silicates doubles ou par
une sorte de teinture de la pierre. Je suis arrivé dans cet ordre
d'idées à d'excellents résultats. En ajoutant dans la fabrication
du silicate en creusets ou en four à réverbère , du peroxyde de
manganèse , j'obtiens un silicate double , d'un violet plus ou moins
intense , selon la quantité d'oxide de manganèse ajoutée ; la dissolution de ce silicate double est brune , et son application sur les
pierres calcaires bien grattées , par immersion , arrosement successif ou application à la brosse , à l'éponge ou par tout autre
moyen , donne à la pierre calcaire , indépendamment de la dureté,
de l'imperméabilité à l'eau , une couleur brune agréable à l'œil ,
et d'autant plus foncée qu'on a introduit plus de peroxide de manganèse dans la préparation du silicate.

J'ai encore reconnu qu'en ajoutant aux matières qui doivent
donner le silicate soluble , un peu d'oxide de cobalt , l'action de
l'air sépare de la dissolution de la silice colorée en un très-beau
bleu d'azur.

Cette silice teinte en bleu peut s'obtenir immédiatement , par
son déplacement de la dissolution alcaline , au moyen d'un acide
énergique. Ainsi, avec une pareille dissolution , on peut donner
un ton azuré aux marbres statuaires , détruire leur porosité et
éviter qu'ils noircissent à l'air.

D'autres moyens de coloration peuvent se combiner avec l'application de la silicatisation des pierres calcaires ; ainsi le chromate
de potasse ajouté au silicate , donne , suivant qu'il y a action de
l'air seulement ou contact de calcaire facilement décomposable , de
la silice gélatineuse , ou du silicate hydraté de chaux , teints en
jaune.

Il en est de même de toutes les matières minérales solubles

dans la potasse. Ainsi le peroxide d'étain peut pénétrer dans les corps poreux et y produire une matière d'aspect vitreux , à la faveur de l'action lente de l'acide carbonique de l'air.

Dans les applications de silicates simples ou doubles , il importe de faire bien pénétrer la dissolution par des immersions, si les pierres sont détachées, et , s'il s'agit de pièces engagées dans les constructions, par des arrosements successifs en reversant sur les objets à silicatiser , à plusieurs reprises , les liquides qui s'écoulent le long des surfaces. Dans ce dernier cas , on recueille au moyen de rigoles ou de bassins façonnés avec du plâtre ou du ciment, les liquides non absorbés.

Il est important , pour les travaux d'art , de ne pas laisser se produire à la surface un enduit vitreux de silice, qui altérerait les traits du ciseau de l'artiste. On l'évitera toujours , en lavant avec de l'eau pure les statues ou les bas-reliefs silicatisés , après les dernières aspersions ou immersions.

§ 2. — Inscription du 5 février 1855.

En cherchant , dans les applications nouvelles de mes procédés de silicatisation , à imiter la coloration diverse des pierres au moyen de l'emploi des silicates à double base , ou du silicate de potasse mélangé à d'autres sels , mon attention s'est portée exclusivement sur la liqueur silicatisante. Depuis , j'ai modifié mes applications de diverses manières, et voici à quels résultats je suis parvenu.

J'imprègne les pierres poreuses de dissolutions métalliques , telles que sels de plomb , de cuivre , etc., et je les mets ainsi imprégnées en contact avec des combinaisons salines , déterminant dans la pierre même des précipités colorés variés. Ainsi , en faisant pénétrer du sel de cuivre ou de plomb dans la pierre , et en opérant ensuite avec une dissolution d'hydro-sulfate alcalin , j'obtiens un sulfure noir de cuivre ou de plomb , avec le sel de plomb et le chromate de potasse , j'obtiens un chromate de plomb, etc., etc. Pour produire des sulfures, au lieu de faire intervenir les hydro-sulfates à l'état de dissolution, je fais pénétrer la couleur plus profondément en soumettant les pierres imprégnées de sels métalliques à un courant d'hydrogène sulfuré ou à de la vapeur d'hydro-sulfate d'ammoniaque.

Après ces diverses préparations des pierres par des couleurs variées, je procède à la silicatisation par des procédés déjà décrits.

Dans tous les travaux de silicatisation de pierres colorées, il est important de pouvoir réparer des défauts dans la teinture de la pierre, et aussi, lorsqu'il s'agit d'opérer sur des constructions terminées, il est important de mettre la couleur des joints en harmonie avec la couleur des pierres.

Pour ces divers cas, j'ai recours à deux moyens : l'un consiste à prendre sur un point non apparent une partie de la pierre colorée, à broyer la partie de pierre, préalablement pulvérisée, avec du silicate de potasse pour appliquer le mélange sous forme de pâte liquide en couches minces et successives sur les joints un peu creusés ou sur les points de la pierre où par suite d'un défaut ou d'une cassure, il y a un trou à remplir ou une saillie à reproduire, comme cela arrive souvent pour des statues mutilées. Il importe qu'en reconstituant ainsi artificiellement une partie de pierre, de n'opérer que par couches successives en laissant entre chaque application un intervalle d'un jour au moins pour assurer le raffermissement des couches successives. Si, par suite de l'application de ces couches, une trop grande saillie était produite, on égaliserait les surfaces au moyen du ciseau du sculpteur. après durcissement suffisant des parties de pierre obtenues artificiellement

Lorsque les pierres présentent une trop grande porosité et que l'application seule du silicate alcalin exigerait l'emploi d'une trop grande quantité de ce sel, je détruis cette porosité en appliquant sur la pierre, intimement broyée avec la dissolution de silicate, soit de la pierre de même nature, soit pour obtenir des colorations artificielles diverses, des matières colorantes non altérables par la réaction alcaline du silicate.

Ainsi j'ai constaté que diverses bases blanches, telles que le sulfate de baryte, surtout celui artificiel, obtenu par précipitation, l'oxide de zinc, la magnésie, l'alumine, etc, etc., se lient fort bien et font corps avec la silice résultant de la décomposition lente des silicates alcalins par l'acide carbonique de l'air, ou par leur transformation partielle en silicate de chaux au contact des pierres calcaires.

Toutes les matières colorantes peuvent ainsi être incorporées dans la dissolution de silicate et servir à la peinture de la pierre. Ces couleurs d'application, liées ainsi à la pierre calcaire ou au plâtrage des murailles couvertes de mortier ou de plâtre, par l'effet de la formation d'un silicate calcaire, acquièrent une grande solidité ; elles peuvent être poncées, et, après des lavages à l'eau, et une dessiccation convenable, être recouvertes d'un vernis ordinaire, ou pour écarter la présence de toute matière organique, d'un vernis produit par l'application, en une ou plusieurs couches, d'une dissolution de silicate de potasse pure et bien saturée de silice.

Telles sont les applications nouvelles pour lesquelles je demande un brevet d'addition à mon brevet inscrit le 4 août 1854 ; elles se résument :

1.º Dans la coloration des pierres, où leur teinture avant la silicatisation ;

2.º Dans la restauration des parties écornées des sculptures, la réparation des défauts de la pierre, la dissimulation des joints, enfin dans l'harmonisation des couleurs, en empruntant au règne minéral des bases blanches ou des matières colorantes inaltérables.

Ainsi, la silicatisation vient se substituer avec un grand avantage de prix de revient et de durée à la peinture à l'huile, à l'essence ou à la colle ; de même qu'elle permet de transformer les surfaces rugueuses des pierres grossières, de la terre cuite, du mortier, du plâtrage, etc., en un magnifique stuc, ou une peinture de stuc poncée et colorée à volonté et de la plus grande inaltérabilité.

## § 3. — *Inscription du 23 juin 1855*.

En poursuivant mes recherches sur le durcissement et la coloration des pierres calcaires, j'ai découvert qu'en faisant bouillir du carbonate de chaux avec un sulfate métallique, il y avait dégagement d'acide carbonique et qu'il se formait du sulfate de chaux qui se fixait intimement en combinaison avec l'oxide du sulfate métallique sur le carbonate de chaux. La combinaison pénètre à une certaine profondeur, alors que l'on opère sur des calcaires poreux. J'ai vu encore que la craie en excès déplaçait ainsi la totalité des oxides, au point que pour certains d'entr'eux, tels que le cuivre, l'on n'en trouve plus de traces dans la dissolution.

J'ai utilisé cette remarquable propriété pour teindre les pierres calcaires poreuses et les sculptures faites avec ces pierres, comme toute autre matière ayant pour base le carbonate de chaux.

Une dissolution de sulfate de protoxide de manganèse donne, après une demi-heure d'ébullition, une belle couleur brune. Le sulfate de fer donne une couleur rouille plus ou moins foncée, selon la durée de la réaction et la concentration de la dissolution ; le sulfate de cuivre, une couleur verte magnifique ; d'autres couleurs ont été obtenues avec le sulfate de chrome, de nickel, de cobalt ; tous les sulfates à oxides colorés permettent ainsi de teindre les pierres ou autres corps composés principalement de carbonate de chaux.

Les mêmes réactions ont eu lieu avec les sulfates dont les oxides sont incolores, tels que le sulfate de zinc, de magnésie, d'alumine, etc. ; dans ces derniers cas, la pierre conserve sa couleur à peu près intacte.

Des mélanges de dissolutions de sulfates permettent de produire des nuances variées ; ainsi, le fer et le cuivre donnent une couleur chocolat ; on remarque dans ce cas que le fer se précipite d'abord plus abondamment.

Le biphosphate de chaux donne des résultats analogues à ceux produits par les sulfates.

Un phénomène remarquable s'observe ; en même temps que les calcaires se pénétrent ainsi d'une combinaison de sulfate de chaux et d'oxide métallique, ils acquièrent une grande dureté qui peut dispenser de la silicatisation. Il est mieux cependant de silicatiser après la teinture ; la silicatisation faite avant, ralentit un peu la précipitation des oxides.

Il est inutile d'énumérer toutes les ressources que l'art de bâtir, la sculpture et la fabrication des mosaïques en pierres peut retirer des procédés nouveaux à breveter.

### § 4. — *Inscription du 13 juillet 1855.*

L'addition dont je demande l'inscription concerne en particulier le traitement des pierres calcaires par les dissolutions siliceuses ou les dissolutions de sulfates métalliques à des températures élevées, en opérant la silicatisation ou la teinture avec durcissement, dans des chaudières à haute pression ; elle comprend aussi la silicatisation, dans ces mêmes conditions, du plâtre moulé.

La transformation du carbonate de chaux en silicate a lieu avec des dissolutions de silicate à tous les degrés de densité et à la température ordinaire. Si une dissolution très-faible ne réagit pas instantanément, l'exposition à l'air qui doit suivre l'imbibition de la pierre facilite la réaction par l'évaporation de l'humidité surabondante. En dehors de la gelée, toutes les températures permettent la réaction ; il va sans dire que les temps secs sont nécessaires pour que la silice puisse se fixer successivement.

Si pour des pierres détachées on opère par immersion et à la température de l'ébullition, le carbonate de chaux se transforme plus immédiatement et plus profondément en silicate ; la silicatisation devient plus complète, en prolongeant la réaction si la pierre est suffisamment poreuse. J'ai observé que lorsqu'au lieu d'opérer à la température de cent et quelques degrés, que comporte l'ébullition de la dissolution siliceuse suivant sa concentration, on procède à cette ébullition en présence de la pierre calcaire à des pressions élevées de 6 ou 8 atmosphères par exemple, et cela pendant quelques heures, on arrive , pour ces pierres , à des conditions de pénétration siliceuse et de dureté que l'on ne peut que difficilement obtenir à froid.

Comme il est utile de régler la force des dissolutions siliceuses, suivant l'état d'humidité de la pierre, sa porosité et aussi suivant le mode d'application , j'ai cherché quelles étaient les règles d'après lesquelles ces appréciations de force devaient s'établir.

Et d'abord, quand on envisage que le silicate de potasse est un composé à composition très variable et dans lequel la quantité de potasse varie suivant les dosages observés dans la fabrication et la manière dont la fabrication a eu lieu, soit par la voie sèche, soit par la voie humide , on arrive à reconnaître que le degré aréométrique est un guide des plus incertains. En effet , la force de la dissolution , au point de vue aréométrique peut être donnée tantôt à 1/3, tantôt aux 3/4 par la potasse seulement, si bien que telle dissolution siliceuse qui marquera 10 degrés à l'aréomètre ne contiendra pas plus de silice que telle autre qui marquera 5 degrés seulement.

Pour déterminer régulièrement les concentrations de mes dissolutions siliceuses , au point de vue essentiel de la silice et non de la potasse, j'ai dû établir d'abord la composition constante du silicate à laquelle il convient de s'arrêter pour obtenir une bonne silicatisation. Des expériences nombreuses ont fixé ce point à deux équivalents et un quart de silice pour un équivalent de potasse. — Avec ce composé à composition constante, je gradue à volonté la force de mes dissolutions siliceuses, selon le besoin, en dissolvant ce silicate dans des quantités variables d'eau , mais qui ne doivent pas être de moins de 8 à 10 fois le poids du silicate , si l'on veut une pénétration profonde et surtout si l'on opère sur des pierres à grain serré ; mieux vaut multiplier les imbibitions successives de la pierre que d'employer des dissolutions trop concentrées.

Dans la silicatisation à haute température en chaudières closes, je dissous le silicate dans dix fois son poids d'eau ; si on employait des dissolutions plus concentrées, il se produirait pendant l'ébullition à pression élevée , un dépôt de silice qui ne se redissoudrait pas pendant le refroidissement ; c'est un inconvénient qu'on éviterait du reste en constituant un silicate moins chargé de silice.

Comme le silicate de potasse qui peut être livré au commerce est de composition très-variable , et qu'il peut être utile d'en apprécier la valeur au point de vue de la silicatisation et de la graduation de la force des dissolutions , j'ai imaginé de me servir d'un procédé que j'appellerai *silicimétrique* et qui repose sur l'emploi d'une dissolution titrée de chlorhydrate d'ammoniaque , dont l'addition se fait à la dissolution siliceuse étendue d'eau , en s'arrêtant au moment où de la silice cesse de se précipiter.

Pour les opérations de la teinture des pierres calcaires , ou leur durcissement par leur pénétration de sulfates doubles de chaux et d'un oxide métallique, l'on peut sans aucun inconvénient.pour régler la force des dissolutions , avoir recours aux aréomètres , les teintures s'effectuant à tous les degrés aréométriques comme la silicatisation , mais j'emploie généralement des dissolutions à 10 degrés Beaumé, et comme les dissolutions s'affaiblissent au fur et à mesure que l'oxide métallique se fixe sur la pierre , j'ajoute de temps à autre un peu de sulfate pour fortifier les couleurs.

Le principe sur lequel repose la teinture des pierres calcaires , amène en même temps leur durcissement ; car la réaction que j'ai découverte donne lieu à la pénétration de la pierre calcaire par des principes pétrifiants, colorés ou incolores, lorsqu'il s'agit de certains sulfates. Des résultats analogues, quant au durcissement , ont lieu aussi avec quelques agents réagissants autres que des sulfates, tels que le phosphate acide de chaux, l'acide borique, et tous autres corps qui peuvent former avec la chaux un composé plus résistant et plus insoluble dans l'eau que le carbonate. Si l'on effectuait la pénétration de la pierre calcaire par un sel quelconque plus soluble que le carbonate , le sulfate de chaux simple par exemple, on n'amènerait que des apparences de consolidation.

# TABLE DES MATIÈRES.




Imp. J. Claye.

www.ingramcontent.com/pod-product-compliance
Lightning Source LLC
LaVergne TN
LVHW021142200726
843510LV00001B/212